U0666269

鲁南制药
与赵志全

非血缘传承

陈凌　郑敬普　著

ZHEJIANG UNIVERSITY PRESS
浙江大学出版社

图书在版编目（CIP）数据

鲁南制药与赵志全：非血缘传承 / 陈凌，郑敬普著. —
杭州：浙江大学出版社，2022.7
ISBN 978-7-308-22504-5

Ⅰ. ①鲁… Ⅱ. ①陈… ②郑… Ⅲ. ①制药工业－工业
企业管理－经验－临沂 Ⅳ. ①F426.7

中国版本图书馆CIP数据核字（2022）第057895号

鲁南制药与赵志全：非血缘传承

陈 凌 郑敬普 著

策 划	杭州蓝狮子文化创意股份有限公司	
责任编辑	黄兆宁	
责任校对	陈 欣	
封面设计	邵一峰	
出版发行	浙江大学出版社	
	（杭州市天目山路148号　　邮政编码　310007）	
	（网址：http://www.zjupress.com）	
排 版	杭州林智广告有限公司	
印 刷	杭州钱江彩色印务有限公司	
开 本	880mm×1230mm　1/32	
印 张	9.375	
彩 插	4	
字 数	176千	
版 印 次	2022年7月第1版　2022年7月第1次印刷	
书 号	ISBN 978-7-308-22504-5	
定 价	68.00元	

版权所有　翻印必究　　印装差错　负责调换

浙江大学出版社市场运营中心联系方式：0571-88925591；http://zjdxcbs.tmall.com

赵志全与鲁南制药：非血缘传承

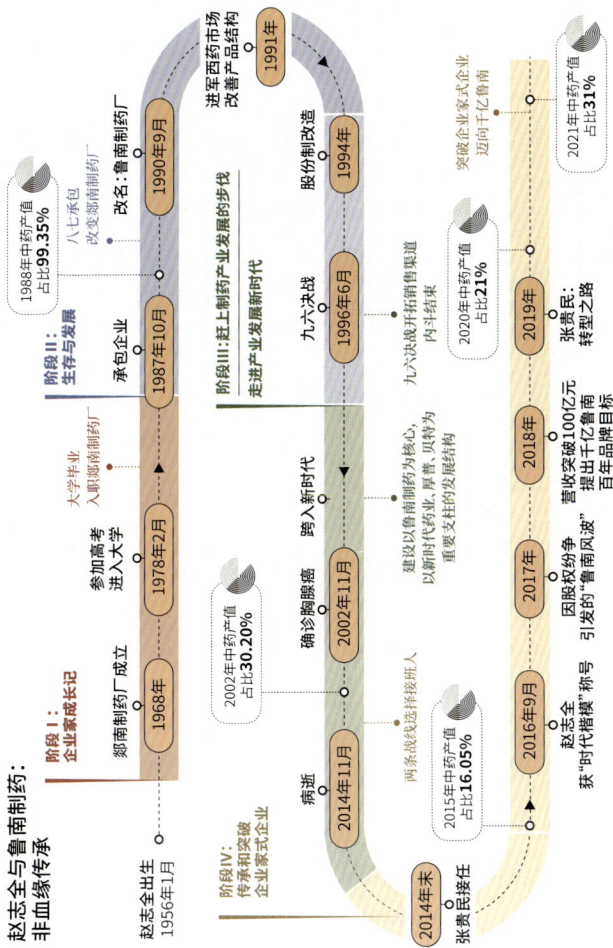

阶段 I：企业家成长记

- **1968年** 郑南制药厂成立
- **1978年2月** 参加高考 进入大学
- 大学毕业 入职郑南制药厂

赵志全出生 1956年1月

阶段 II：生存与发展

- **1987年10月** 承包企业
- **1990年9月** 改名：鲁南制药厂
- 八七承包 改变郑南制药厂

1988年中药产值 占比**99.35%**

- **1991年** 进军西药市场 改善产品结构
- **1994年** 股份制改造

阶段 III：赶上制药产业发展的步伐 走向产业发展新时代

- **1996年6月** 九六决战
- 九六决战开拓销售渠道 闪斗结束

2002年中药产值 占比**30.20%**

- **2002年11月** 确诊胸腺瘤
- **1978年2月** 跨入新时代

建设以鲁南制药为核心，以新时代药业、厚普、贝特为重要支柱的发展结构

2020年中药产值 占比**21%**

- **2019年** 张贵民：转型之路

阶段 IV：传承和突破 企业家式交业

2015年中药产值 占比**16.05%**

网条然线选择接班人

- **2014年11月** 病逝
- **2016年9月** 赵志全 获"时代楷模"称号
- **2017年** 因股权竞争 引发的"鲁南风波"
- **2018年** 营收突破100亿元 提出千亿鲁南 百年品牌目标

2014年末 张贵民接任

2021年中药产值 占比**31%**

突破企业家式企业 迈向千亿鲁南

鲁南制药的四大发展阶段

1987 年 10 月 25 日，赵志全（中）与叶景茂（右）在承包合同书上签字

1994 年 3 月 8 日，鲁南制药股份有限公司挂牌

1996 年 7 月 7 日，鲁南制药股份有限公司第二季度业务工作总结会议在南京秦淮饭店召开

2002 年 3 月 23 日，鲁南制药技术中心、临沂新时代药业有限公司扩建工程奠基仪式在费县举行

2005 年 10 月 23 日，"走进新时代"厂庆晚会上，厂歌词作者赵志全与厂歌曲作者桂林、宝俊、连庚合影

2008 年 7 月 21 日，赵志全作为北京奥运会火炬接力境内传递第 368 棒火炬手，点燃临沂站圣火盆

2007 年 5 月 4 日，赵志全参加鲁南制药集团第 20 届职工运动会

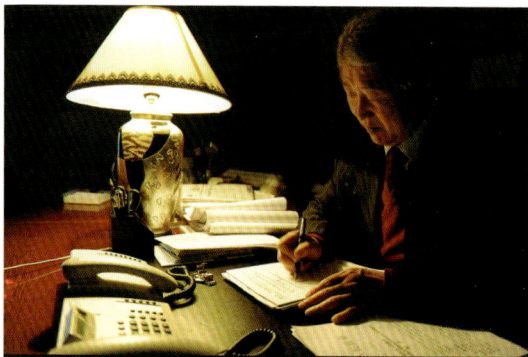

2010 年 2 月 25 日，赵志全伏案工作

2016 年 9 月 22 日，赵志全夫人龙广霞（中）、女儿赵龙（左）在时代楷模发布会现场接受采访

2017 年 1 月 9 日，张贵民在北京人民大会堂领取国家科学技术进步奖

2020 年 5 月 18 日，新时代药业鸟瞰图

鲁南制药厂厂歌

我们唱起歌 手拉手

赵　林　词
志宝俊　词
全连庚　曲

1=♭B 4/4 ♩=86

坚定、豪迈地

"厂歌"总共分为三段……每段的第三节内容各分别歌颂了前辈幸勤劳动的创业精神和创业精神和不懈追求、歌颂了团结拼搏带来的巨大变化、勇于攀登的"大干苦"的精神。不忘改进、不忘改造，抖擞精神人用心血和汗水换来的今天。大家互相勉励，自强不息，迎着风雨奋斗，共同创造更加美好的明天。

——摘自赵志全《鲁南制药厂厂歌创作思想》

鲁南制药厂厂歌

更具意义的是企业传承中的企业家责任

在评价一家企业是否是优秀企业时,其中一项重要的衡量指标,就是企业领导人的代际传承。当陈凌老师嘱我为这本书写推荐序时,书中全景呈现国有企业改制后民营企业发展的历程,鲁南制药两代领导人的价值贡献,尤其是赵志全的"时代楷模"精神,以及民营企业非血缘传承难题的解决方案,这些内容吸引了我。本书也再一次展现出陈凌老师所一直坚持的对典型企业案例做深度企业历史梳理和研究的厚实功底,从而让读者能够从企业历史的场景中深刻和生动地理解企业家的关键决策。本书延续了他有关茅理翔和茅忠群共同创办方太集团的《茅理翔:创业式传承》一书的写作风格,非常值得一读。

这是一本聚焦企业传承主题的书，但是我首先特别想推荐的却是，赵志全带领鲁南制药发展成长的企业家智慧。书中告诉我们，鲁南制药脱胎于1968年成立的校办工厂（时名郯南制药厂），1987年时已濒临倒闭，当时的技术科科长赵志全抓住承包经营机遇成功竞标，开启了鲁南制药的创新成长之路。

由国有企业改制而成的民营企业发展，本身就是一个非常值得研究的课题，特别是在这一类型的企业中，企业家如何发挥作用，如何构建企业发展机制非常值得探讨。赵志全以承包经营的方式起步，通过有效经营，让企业有了起色，同时，赵志全也获得了对鲁南制药的实际控制权，在稳定的股权结构之下，赵志全得以充分发挥企业家的作用。他身上所具有的敢于冒险、勇于担当的企业家精神，艰苦卓绝的创业精神，聚焦主业的专业精神，以及齐鲁文化的人本精神，奠定了企业发展的核心基调，也让脱胎于国营企业的鲁南制药被真正激活为市场化的公司，建立起经营者和所有者利益、企业效益正相关的关系。

企业发展的每一步都要踩在时代节奏的鼓点上，鲁南制药正是这样发展起来的。鲁南制药启程于国有企业改制的时代背景，随后伴随着市场经济发展的大潮，建立起自己的市场组织机制，激活企业与组织成员。随着行业发展的变化，国家对医药企业创新的倡导和牵引，鲁南制药从以中药为主，过渡到以西药为主，再逐渐发展为集中药、化学药和生物制药的生产、科研、销售于一体的大型综合制药集团，成为技术创新驱动成长的高新技术企业。来到数字化时代，鲁南制药再一次跟上时代的步伐，通过数字化转型与创新驱动，赋予品牌全新内涵，赋能组织成员全新成长，创新商业模式，打造出"医药+互联网"的新格局。书中所呈现的鲁南制药的每一步决策、每一个选择，都值得企业管理者去学习和借鉴。

鲁南制药的企业传承是一个非典型案例，赵志全指定非血缘接班人，并以自己的绝对权威，在极其特殊的情形下，以遗嘱继任的方式完成权力的交替。正是因为它的非典型性，所以本书也并未把注意力放在传承模式上，而是客观谨慎地呈现了传承的全过程，让读者尽可能去了解传承过程的背景、决策过程以及最终的结果。陈凌老师对中国企业传承模式的研究基础，能够引领我们理性而积极地吸收鲁南制药传承解决方案的建设性价值，同时也帮助我们审慎而全面地思考企业传承所要面对的难题和挑战。

对于家族企业传承的研究让我们发现，建立企业接班的全景规划是极为重要的，这一点同样适用于非血缘传承模式。为使企业传承能够保障企业的健康发展，需要从企业视角做好四个维度的工作：健全的公司治理结构、健康的业务组合、良好的商业模式以及内部管理清晰。如果从这四个维度去看鲁南制药的企业传承，有待提升的部分还很多。但是，鲁南制药传承中，有特别值得借鉴的两部分，也是企业传承最核心的部分：第一，明确接班人的归属。接班人明确确定，可以避免继任者不明确带来的纷争和撕裂。第二，明确接班人选择的标准。赵志全既没有选择最亲近的人，也没有选择职位最高的人来接替自己身上的重担，而是通过重重考察选择了与自己的性格和理念有诸多相似之处的张贵民。张贵民不代表任何一方势力的利益，也不屈服于任何一方的压力争夺，而是以鲁南制药的发展为根本基点，带领所有利益相关者将共同的蛋糕做大。张贵民也不负赵志全的选择，以实际行动践行赵志全为鲁南制药所确立的价值观和企业精神，经过五年的发展不仅还清所有债务、实现销售额翻番，还为公司留存了大量流动性资金以满足股东分红和再生产投入的需要。

对任何一家企业而言，想要做好企业传承，都需要尽早规划，找到适合企业自己的传承模式。我推荐此书，是因为以企业家责任传承为核心的鲁南制药非血缘传承模式，可以说是一种更有未来意义的传承类型。

陈春花

北京大学王宽诚讲席教授

国家发展研究院BiMBA商学院院长

2022年4月26日

企业需要"造钟师"精神

　　哈佛大学的商学史教授理查德·泰德罗在一本关于美国企业家的著作《影响历史的商业七巨头》中，开宗明义地写道："本书介绍了美国人最擅长的活动——成立和创建新的企业。"这是一种自信而让人羡慕的描述方式，我也渴望用同样的语言来讲述中国企业家们的传奇。

　　在过去的40多年里，一个伟大的"中国梦想"正在变成现实。在商业精神层面，它跟20世纪初期的那个"美国梦"有时候竟是那么相似：一群没有任何资本背景、没有经受过商业训练的人们创造了一个又一个的商业神话。正如泰德罗描述的他那个国家的企业家们一样："这些冲破旧规则束缚、创立新规则的人们，他们创立了一个个新世界，他们决心要掌握控制权,而不再受他人的控制,他们利用同时代人还不太了解的技术和工具为市场服务,而在一些情况下,他们还必须自己创造市场。"

本书记录的企业家赵志全与鲁南制药创业史亦是如此:从一个账面净资产只有 19 万元的濒临倒闭的企业,到一家拥有职工 1 万多人、净资产 60 亿元、年纳税额超过 8 亿元、迈入中国大企业集团竞争力 500 强的现代化药企:27 年间,"农二代"出身的赵志全凭着那股不甘平庸的创业雄心,一次次地颠覆着陈旧的秩序,成就了鲁南制药商业上的屡次变革。

他的经历也是时代精神的映射,那是伴随中国经济腾飞的企业家阶层的整体性崛起。这个群体是幸运的,起初他们几乎身无分文,却达成了不同凡响的事业,他们具备成为英雄的禀赋,最终又归于烟花般绚烂而寂寞的命运。

尤为值得一提的是书中论及的"非血缘传承模式"。赵志全基于其对鲁南制药长远发展的考量,将企业交给了非亲非故的鲁南制药科技创新领军人物张贵民。某种意义上,这一选择为探讨民营企业传承难题提供了一种建设性的解决方案。

企业领导人的培养及传承,历来是困扰中国企业界的时代母题之一,吴晓波频道曾做过的一份调查显示,65% 的私营企业在未来 10 年内面临接班课题,这几乎是中国商业界的头等大事:企业面临转型升级,家族面临接班传代,产业和财富的传承正在考验整个阶层。此时,书中详细阐释的鲁南制药"非血缘传承模式",需要我们以更为认真的姿态对待。

管理学家吉姆·柯林斯一度将企业领导人的传承排在影响"基业长青"的高阶序列。他提出卓越的企业家应当能够开创理想的组织文化，确保企业行驶在良性的秩序轨道。企业家要做"造钟师"，不要做"报时人"。所谓"造钟师"有两个特点。

第一个特点是"他们主要致力于建立一个组织，而不只是找对时机，用一种高瞻远瞩的构想打进市场"。

第二个特点是"他们并非致力于高瞻远瞩领袖的人格特质，而是采用建筑大师的方法，致力于构建高瞻远瞩公司的组织特质"。

为了造钟，企业就必须实施兼容并蓄的融合法，保存核心竞争力和刺激进步。

这两点之间有着内在的逻辑联系："造钟"的原理，即企业制度和文化的设计思想，就是企业的核心理念，企业要使"钟"持续地自动运转，就必须坚守自己的核心理念，而为了适应不断变化的市场环境，企业必须进行各种创新，不断进步，这就是"保存核心，刺激进步"。

柯林斯发现，那些由优秀的公司变为伟大公司的佼佼者，并不一定都拥有最新的技术、最擅长管理的CEO，他们最有力的武器是他们所倡导和坚持的公司文化，一种激励每个人都按照他们想要的方式去工作的文化。

于此而言，赵志全称得上是鲁南制药的"造钟师"。他完成了鲁南制药从负债到近百亿规模的跨越发展，并在生命的尽头以其特殊影响力将企业交给适合的经营者。应该说，这是在为企业的稳步发展和文化传承做出的最后努力。当然，公司文化的涵养并非朝夕之功，由于现代产权制度缺失、所有者虚置等缺憾，后来鲁南制药的发展仍然历经风波，不过它们是一场颇为大胆的商业试验必然面临的阵痛。今天的鲁南制药无疑具有前所未有的信心和能力成为中国医药界的新锐企业的代表，走向自主研发乃至行业引领者的站位。

　　道阻且长，行者将至。创立新的企业总是激动人心，创建新的公司文化更需要参与者的耐心与勇气。也许本书还不足以预判鲁南制药未来之路，但我乐见中国本土沛然勃发的商业文明，不断催生更多更为精彩的商业试验。赵志全很喜欢《掌声响起来》这首歌，或许不远的将来，那些具有开创精神的企业家不必"孤独站在这舞台"。

吴晓波

财经作家

890 新商学、蓝狮子出版创始人

2022 年 5 月 5 日

在特殊环境下能够长期顽强而可持续成长的中国企业家,除了拥有一般企业家所拥有的企业家素质以外,还需要一种独特的忧患意识和社会责任感。什么是忧患意识? 简要地说,就是特殊时代的紧迫感和民族的危机感。

——厉以宁

鲁南制药与"时代楷模"赵志全

鲁南制药的前身郯南制药厂由山东郯南劳动大学于1968年10月成立,1987年10月前已然濒临倒闭,利润几乎为零,账面净资产只有19万元,流动资金一分也没有,甚至生产原料也只够维持3天。自赵志全承包后,他带领着大伙儿在27年间胼手胝足、披荆斩棘,让鲁南制药逐渐发展成为一家拥有职工1万多人、净资产60亿元、年纳税额超过8亿元、位列中国大企业集团竞争力500强的现代化综合制药集团。

2014年11月14日，时任鲁南制药股份有限公司董事长的赵志全在做好一切安排后，选择放弃治疗，独自安静地离开了这个世界。11月18日，近万名公司员工和社会各界人士自发地赶到临沂市殡仪馆送行，手持白色菊花痛别赵志全。夜幕降临，员工们自发在广场上点燃蜡烛共同缅怀赵总，摆成心形的蜡烛里写着："赵总，一路走好。"这样的事情如果发生在20世纪六七十年代或许稀松平常，但在21世纪的今天，该是怎样的情愫才能让群众产生如此强烈的情感共鸣？笔者就是带着这样的疑问开始调研之路的。

生命的最后阶段

从2002年查出罹患胸腺癌开始，赵志全与病魔苦苦斗争了12年。在这12年时间里，他一如既往地为鲁南制药的发展呕心沥血，赵志全在生命最后的十几个月里，都吃住在鲁南制药新时代药业的专家楼，他的办公室和卧室连在一起，以便兼顾工作和休息。2014年11月14日晚11点交接班后，赵志全打电话给接班人员声称自己办公室有人，让他不用过来；用这样的方式，赵志全独自一人在办公室里度过了人生最后的安静时光。在人生最后的时刻赵志全做了怎样的思考和抉择？在他生命的最后时刻是否又一次倾听了挚爱的五首歌？这些事情都将成为永远的谜……只有一点是肯定的，在赵志全的心目中，所有的安排首先是为了鲁南制药的长远发展，即使对家庭和爱人有着太多的遗憾和愧疚，对他来说也只能做出这样的选择。

一份遗嘱完成传承

2014 年11 月14 日深夜,赵志全在离世前再次写下了一生最喜欢的五首歌名字,并将自己早已准备好的亲笔遗嘱放在了办公桌上。自2002 年发现自己罹患癌症后,他考虑了12 年之久的传承方案终于浮出水面。在充分权衡公司发展和家族情感之后,他立下遗嘱。遗嘱包含四个部分。

第一部分,赵志全以公司董事长、总经理和党委书记的名义提议张贵民接任集团公司董事长、总经理、党委书记,以及赵志全本人在公司的其他职务,同时提议张理星担任集团公司董事,张理星、王义忠、张子成担任集团公司副总经理,刘忠、谢宇、李宝杰、苏瑞强担任集团公司总经理助理,李兵担任集团公司工会主席,并委托集团副总经理兼总会计师王步强召集相关会议履行程序。事后,董事会根据提议委托张贵民主持集团公司全面工作,按照赵志全的遗嘱,完成了公司的事业传承。

遗嘱第二部分是基于其个人贡献,申请奖励人民币1200万元,其中600 万元由妻子龙广霞支配,500 万元由女儿赵龙支配,100 万元由母亲梁永兰支配。

遗嘱第三部分向集团提出了三点要求:第一,要求善待其妻子龙广霞,不降低待遇条件,根据本人意愿安排在幼儿园工作。第二,要求不变更其父母的住房,包括居住环境。待父母百年之后,住房所有权归公司所有。第三,要求自身骨灰葬在玉带山坳的草坪上,一切仪式从简。

遗嘱第四部分是留给家人的,内容没有透露。

他的遗嘱一式两份,其中一份交给鲁南制药董事会成员王步强,另一份则先交给女儿赵龙,阅后转交给自己选择的接班人张贵民。

蒙在鼓里的接班人

当遗嘱宣布由张贵民接任鲁南制药的董事长、党委书记和总经理时,所有人都备感意外,公司上下一时间充斥着惊讶和疑惑。普通员工不禁要问:"张贵民是谁? 为什么选了他?"而少数熟知这个名字的人也忍不住诧异:"居然是他!"最为令人意外的是,作为接班人的张贵民自己都没想到:"为什么是我接班?"

据张贵民回忆,赵志全在去世之前丝毫没有跟他透露过任何相关信息,甚至连接班可能性的暗示都没有。在赵志全去世前的最后两年时间里,两人单独见面交流的次数屈指可数,前后加起来不过一两个小时,基本都是张贵民在汇报工作,赵志全也没有提出任何其他具体要求。两人最后一次见面是在路上偶然碰到的,赵志全说有一个员工要辞职,让张贵民去跟这个员工谈谈,让员工不要辞职。所以,张贵民看到这份沉甸甸的遗嘱时,沉默良久。

"时代楷模"赵志全

2015 年 11 月 12 日,中共山东省委宣传部追授赵志全同志"齐鲁时代楷模"荣誉称号。2016 年 9 月 22 日,"时代楷模发布厅"录制仪式在央视演播大厅举行,现场宣读了《中共中央宣传部关于"时代楷模阿布列林·阿布列孜和赵志全的表彰决定》，并颁发了"时代楷模"纪念章和荣誉证书。"时代楷模"是由中宣部集中组织宣传的全国重大先进典型，充分体现了"爱国、敬业、诚信、友善"的价值准则和中华传统美德，同时具有很强的先进性、代表性、时代性和典型性。赵志全成为中国第一位也是迄今为止唯一一位被评选为"时代楷模"的民营企业家。2016年9月26日，中共中央宣传部在中央电视台向全社会公开发布"时代楷模"赵志全的先进事迹。

众说纷纭的鲁南制药

赵志全永远离开了这个世界，而鲁南制药则继续前行。在赵志全去世后的第三年，局面陡然波谲云诡起来，"鲁南风波"开始引发社会各界的关注。2017年，公司"三元老"与董事长张贵民之间爆发矛盾，鲁南制药股权不清晰、董事会治理缺失等历史遗留问题暴露无遗，由此引发的一系列控制权之争严重影响了公司正常的经营活动，后以"三元老"退出董事会为标志，冲突暂时告一段落。同时，赵志全之女赵龙与鲁南制药产生股权纠纷，双方对外资股的最终归属问题各执一词。2020年，临沂中级人民法院判决确认解除鲁南制药与外资股代持方安德森的委托持股关系，鲁南制药外资股归属于鲁南制药所有；2021年境外法院判决支持鲁南制药代持主体安德森为赵龙所有，并认定赵龙为鲁南制药外资股的实益权利人。关于鲁南制药外资股权的最终归属，仍待事情进一步发展。

自2017年以来，鲁南制药一直风波不断，局面也扑朔迷离，外界更是云里雾里，疑问重重。人们不禁想问：赵志全到底是怎样一个人？他何以成为"时代楷模"？他为何将企业传给了张贵民？又为什么采用遗嘱的形式实现传承？2017年以后出现的鲁南制药董事会内部纠纷和股权纠纷原因究竟为何？"鲁南风波"后公司最终何去何从？虽然董事会停摆了很长时间，企业最终股权归属也一直没有最终结论，但企业发展似乎并没有受到负面影响，2017年以后鲁南制药依然实现了稳健发展，这一反差的原因又是什么？

鲁南制药的控制权和所有权冲突涉及错综复杂的历史原因、人事变动和法律问题，其中的是非曲直并非外人可随意评判。由于相关诉讼的出现，笔者收到了各方的材料与观点。一方面，本书不回避这些客观存在的冲突矛盾，如实记录大量历史事件和众说纷纭的观点看法，但是对各方观点存而不议；另一方面，本书运用研究团队的企业经营管理知识和经验来理解赵志全和鲁南制药，在详细回顾赵志全个人成长和企业发展的历史基础上，以非血缘传承为切入点，从第三方角度总结探讨赵志全的经营智慧、传承模式与"时代楷模"精神，挖掘鲁南制药发展的理论价值和实践价值，回馈本书的读者朋友。

本书的写作初衷

改革开放以来，中国民营企业从无到有、从小到大，作为最具活力的增长极，已经成为中国国民经济的基础和社会主义市场经济的重要组成部分，并为改革开放的顺利进行，为国民经济的持续、稳定、健康发展，为中国综合国力的提高做出了巨大贡献，取得了全球瞩目的成就。

从社会主义改造到改革开放之前，中国基本上只有全民所有制和集体所有制两种经济成分。1984年10月20日，党的十二届三中全会通过《中共中央关于经济体制改革的决定》，提出增强企业活力是经济体制改革的中心环节，第一次提出了"所有权和经营权是可以适当分开的"和"实行政企职责分开"的观点，这是当时理论上的重大突破。那年，全国各地开始允许民营企业正式注册成立，很多知名民营企业便在那时成立，有的经营至今。笔者过去曾研究过长三角和珠三角地区的诸多发展自个私经济的民营企业，这样的本土民营企业往往以具备非常清晰的产权为鲜明特色，而本书将重点探讨另一类民营企业——从国有企业逐渐转制而成的衍生型民营企业。

无论民营企业的起源和类型有何不同，改革开放以来民营企业的成长和发展几乎都依赖于企业家的长期努力和卓越领导。正如张瑞敏之于海尔，任正非之于华为，宗庆后之于娃哈哈，这些企业家的鲜明个性和人格魅力深深地影响了他们所领导企业的长期发展，我们可以把这样的企业称为企业家式的企业。这些企业家的长期领导会形成企业对于企业家的特殊依赖，即使这些企业家后来离开了企业，他们仍然会为其曾领导的企业投下长长的背影。美国著名企业史专家、哈佛大学商学院的钱德勒教授在他的名著《看得见的手——美国企业的管理革命》中指出了大型工商企业发展进程中企业家的作用及其自我超越的艰难："企业创始者及其最亲密的合伙人（和家族）一直掌有大部分股权，他们与经理人员维持紧密的私人关系，且保留高阶层管理的主要决策权，特别是在有关财务政策、资源分配和高阶层人员的选拔方面。这种现代工商企业可称之为企业家式或家族式的企业。"① 企业家式的企业，无论是家族企业还是非家族企业，都迟早面临创始企业家的传承挑战。

民营经济为何会有如此巨大且可持续的力量？实际上，民营经济得以实现快速发展的主要原因是民营企业主身上体现的企业家精神。中国著名经济学家厉以宁就一直反对社会上一般人对于企业家的肤浅认识，即认为企业主或厂长、经理就是企业家；他强调，企业家是经济学上的概念，企业家代表了人的一种素质而不是一种职务。那么企业家最主要的素质有哪些？厉以宁认为企业家素质有三个：第一是有眼光，第二是有胆量，第三是有组织能力。一个人具备了这三个条件以后就可以成为企业家。

20世纪80年代初，以温州、苏南等地为代表的农民企业家，率先将家庭联产承包责任制所释放出来的劳动力组织起来，纷纷成立政策允许或默许的乡镇企业，在国有企业的夹缝中寻找市场生存发展的机会。以鲁冠球、吴仁宝、禹作敏等为代表，在改革开放前就从事经营活动的企业家发挥了领头羊的作用。1984年被称为"中国公司元年"，王石、张瑞敏、柳传志等企业家开始创业，分别创办了万科、海尔和联想。1992年，受邓小平南方谈话和经济改革推进的影响，一大批在政府机构、科研院所、高等院校工作的体制内官员或知识分子纷纷下海创业，形成又一股商业浪潮，并成为20世纪90年代中国经济高速增长的主

---

① 钱德勒. 看得见的手——美国企业的管理革命[M]. 北京：商务印书馆，1987：9.

要动力,这些创业者也被称为"九二派"。从不同时期商业浪潮涌现出来的企业家群体的来源和特点可以看出,中国经济体制改革是从边缘到核心、从体制外到体制内不断深入、层层递进的。

中国经济体制改革成功的一个重要秘诀,是企业家精神的不断生成和高扬。纵观中国商业发展史,企业家精神作为时代精神的情况是第一次出现,中国人从来没有像在当代这样富有冒险精神和竞争意识,当代民营企业的成长与企业家精神始终有着千丝万缕的联系。

无疑,鲁南制药的赵志全就是这样一位企业家典范。赵志全之于鲁南制药,有其特殊的历史背景、行业背景和企业发展阶段特征,因此这也构成了本书看待赵志全及鲁南制药的三个不同视角。

赵志全的创业之路始于承包国有企业,本身也受过很好的教育,因此他既不同于江浙的第一批民营企业家,也不同于产生于南方的"九二派"企业家,他是生长于齐鲁大地的第一批民营企业家。赵志全作为山东民营企业家的典型代表,他的身上打上了深深的齐鲁文化的烙印,他的成长逻辑也只有结合山东改革开放的历史进程才能被更好地理解,这是本书写作的重要视角之一。

本书有关鲁南制药历史的描述是从赵志全1987年10月承包工厂开始的。当时企业已经到了破产的边缘,当地政府大胆改革,以"即使失败也损失不大"的出发点来进行公开招标,最终选择了年仅30岁的赵志全。经过几年承包之后,企业经营有了起色,赵志全也获得了对鲁南制药的实际控制权。赵志全大学本科学的专业是化工机械,进入制药企业工作后就不断钻研和积累与制药生产和经营相关的知识,因此他所领导的鲁南制药一直坚持制药主业,其产品结构则是从20世纪80年代以中药产品为主逐渐过渡到90年代中期以西药为主、继续保留少部分中药。到了21世纪,公司逐渐发展为集中药、化学药和生物制药的生产、科研、销售于一体的大型综合制药集团、国家重点高新技术企业,位列中国大企业集团竞争力500强、中国民营企业制造业500强和中国医药工业百强榜。从1987年10月承包经营到现在,鲁南制药一直专注于医药产业,而改革开放以来的中国制药行业走过了快速发展的进程,自始至终进行着国有企业、民营企业和外资企业同场竞技、逐鹿中原的激烈竞争。鲁南制药从原来一家名不见经传的校办工厂到国内制药行业的重要企业,经历了艰辛的发展和成长过程,因此对于赵志全和鲁南制药的历史考察和分析,离不开对中国医药产业发展的研究,离不开对企业成长、发展和嬗变的比较,这是本书行文的视角之二。

改革开放已40余年,第一批民营企业家陆续进入了逐渐退出企业经营的谢幕时代,新一代企业经营者将逐步登上历史舞台,中国民营企业逐步进入后企业家时代。2014年11月,赵志全因病辞世,鲁南制药以特殊的方式完成了企业最高领导的交接班。鲁南制药的股东比较分散,并不存在处于控股地位的私人大股东;赵志全控制经营企业长达27年,鲁南制药的一切都深深地打上了这位大家长的烙印。这样的企业家式企业在国内非常普遍,而其传承又是一个非常值得认真探讨的问题。笔者通过整体、全面和长期过程导向的视角,深度研究赵志全和鲁南制药这一单个案例,期待能够对企业家成长、大家长式的领导模式和企业家式企业的传承等共性问题得出符合科学规范的结论,帮助更多的民营企业探索可持续发展模式，这也是本书重要的视角之三。

本书的内容安排

2014 年 11 月 14 日，初冬深夜，57 岁的赵志全离开了这个世界。他的办公桌上放了一张写着《粉红色的回忆》《兄弟干杯》《兄弟抱一下》《忘忧草》和《掌声响起来》五首歌曲名字的便条，这便是他对世间最后的牵挂。

这是赵志全一生中最喜爱的五首歌，而这五首歌也似乎注定吟唱了他并不算长久但却伟大的一生时光。《粉红色的回忆》是年轻时候的青春浪漫，充满活力，斗志昂扬；《兄弟干杯》是承包后的涅槃重生，以及经过"九六决战"艰苦卓绝的奋斗后最终取得的胜利；《兄弟抱一下》是在 1997 年到 2002 年，公司经营走上正轨，但在未来的发展方向上却出现了不同的声音；《忘忧草》就是让大家忘了他，化悲痛为力量实现百年鲁南的梦想；《掌声响起来》预言了赵志全一生所取得的成就和社会的认可，"孤独站在这舞台"也是他一生的写照。这五首歌是赵志全生命历程的伴奏和余音，贯穿了他的一生，因此也将自始至终贯穿本书的写作，成为每一个历史阶段徐徐展开的前奏。

本书重点关注两条主线：鲁南制药（及其前身）的发展历程，以及其背后主导企业家的成长经历和管理历程，包括赵志全的一生，以及张贵民接班以来的管理实践。本书共八章。第一章到第五章是对赵志全个人成长与鲁南制药发展的阶段性历史叙述：第一章介绍了赵志全的个人和家庭背景、学习和工作经历，以齐鲁大地为背景重点讨论了 1987 年承包以前的企业家成长经历。第二章讲述了赵志全通过新的经营理念和管理措施激活郯南制药厂，然后企业进入了鲁南制药时代，再到发动影响企业生死存亡的"九六决战"，大致时间是 1987 年承包工厂，1996 年成功克服业务渠道开拓的艰难，赵志全确立了无可争议的企业领袖地位。第三章描述了赵志全居安思危，领导企业快速发展与高瞻远瞩谋划百亿鲁南，其中的关键重大决策是选址费县建成了 8600 亩（1 亩等于 667 平方米）的新时代药业新厂区，领导企业进入新时代，时间大致是在 1997 年到 2002 年之间。第四章讲述了 2002 年赵志全不幸确诊绝症以后，继续带领企业向前发展直至生命的最后一刻，企业也真正走向自主研发。第五章总结了赵志全身后留给人们的宝贵遗产："时代楷模"精神与其在鲁南制药凝结的经营智慧。五个章节分别对应了赵志全临终时难以忘怀的五首歌，而随着 2014 年 11 月 14 日赵志全与世长辞并用遗嘱的方法选择了接班人，鲁南制药进入张贵民时代。在公司年会上，张贵民以一首《明天会更好》展示了自己和所有鲁南人的决心。因此，本书第六章重点描绘了张贵民时代鲁南制药的传承与创新。本书第七章重点分析了鲁南制药这一独特的非血缘传承模式，探讨民营企业传承难题的解决方案。第八章从共同富裕的视角再次透视鲁南模式中的企业家精神、非血缘传承实践和以人为本的经营理念，为当下倡导共同富裕背景下中国民营经济健康持续发展提供一定的借鉴。

前六章的内容不仅涵盖赵志全的整个生命历程，也包括了鲁南制药发展迄今50余年的各个重要时间节点，因此本书内容具有浓厚的企业史色彩。本书希望读者可以重点关注鲁南制药发展过程中的以下四个关键事件:第一是1987年赵志全获得鲁南制药前身郯南制药厂承包资格的竞标过程;第二是1996年赵志全发动并亲自领导的"九六决战",破除了当时业务渠道不畅和业务队伍散漫等障碍,打造出一支战斗力较强的业务团队,走出了市场销售低谷;第三是从引进药到自主研发,打造未来发展的大空间和大格局(关键点是2002年新时代药业落户费县);第四是向创新药、新营销和新结构的千亿鲁南进发,与中国医药行业及其领先企业进行比较研究,这也是本书的另外一条充满建设性和理性的主线,体现了鲁南制药在赵志全和张贵民两任董事长领导下的至简大道和持续探索。

目
录

第
一
章
山东企业家初长成（1956—1986）

1.1 一方水土养一方人 / 004

1.2 穷人的孩子早当家 / 012

1.3 初出茅庐的青年时代 / 017

第
二
章
从郯南制药厂到鲁南制药的重生（1986—1996）

2.1 招标会胜出（1987） / 024

2.2 第一个承包期（1987-1991） / 033

2.3 深化改革谋发展（1992-1995） / 041

2.4 "九六决战"（1996） / 049

第
三
章
高瞻远瞩布局"新时代"（1997—2001）

3.1 科技为先，驶入快车道 / 065

3.2 跨世纪的宏图伟业 / 075

3.3 日新月异迈向"新时代" / 080

第
四
章

英雄的后半场战役（2002—2014）

4.1 行业发展背景再思考 / 095

4.2 暗无天日的第二战场 / 118

4.3 以"时代楷模"精神凝聚鲁南文化 / 130

第
五
章

赵志全经营智慧总结与反思

5.1 独特的领导风格 / 139

5.2 超前的战略思维 / 146

5.3 人本理念的实践 / 158

5.4 赵志全时代的经营管理反思 / 161

第
六
章

张贵民时代的传承与创新（2014至今）

6.1 张贵民领导下的鲁南制药 / 173

6.2 为什么选择张贵民？ / 176

6.3 张贵民的传承与创新 / 184

第七章　**鲁南制药的非血缘传承模式**

7.1 企业家面临的传承难题 / 206

7.2 非血缘传承的探索与实践 / 219

7.3 鲁南制药是否经得起非血缘传承 / 230

第八章　**共同富裕视角下的鲁南模式**

8.1 "时代楷模"：为事业献身的企业家精神 / 252

8.2 非血缘传承：一个正在进行时的社会试验 / 255

8.3 以人为本：跨越时代的理念实践 / 257

参考文献 / 261

附　录 / 264

后　记 / 267

致　谢 / 271

第一章
山东企业家初长成
（1956—1986）

一个人最有意义的时期就是他的成长时期。

——《歌德谈话录》

不能忘记你把你写在日记里

不能忘记你心里想的还是你

浪漫的夏季还有浪漫的一个你

给我一个粉红的回忆

——五首歌之一《粉红色的回忆》

20世纪八九十年代是中国商业史上一个风起云涌的时代。乘着改革的东风，一群非凡的企业家登上了历史舞台。传统的工业格局在政策杠杆下发生了巨大变革，固有的模式终于有所松动，僵化的体制迎来了曙光。1987年下半年，全国范围内开始推行厂长、经理承包责任制，试点在全国各地铺开。考虑到成功的收益和试错的代价，山东省临沂地区选择了当时规模只有270多人的郯南制药厂作为试点单位进行改革。那时，郯南制药厂的效益逐年下滑，如果试点成功便能够救其于危难，即便失败了也不会引发太严重的后果。但这个决定下到厂里便如同地震一般，立刻引得地动山摇，大部分人都为即将失去国家铁饭碗而惴惴不安，只有少数人把这次竞标看作一次天赐良机，赵志全就是其中的一位。

　　大家对于前景的忧虑，在正值而立之年的赵志全看来却是一个从未有过的契机，"心里像火一样燃烧"。赵志全在当年的竞标演讲时这样说："我正值年富力强，一个强烈的信念一直在激励和鞭策着我，药厂要振兴、要发展、要为全社会做出贡献，也要造福于本厂和为它的建设付出辛勤劳动和汗水的全厂职工。"

1987年10月25日，在"郯南制药厂承包合同签字仪式"的红色条幅下，领导对着大伙儿开诚布公地将承包前后的事情一吐为快——原来赵志全早就给上级领导写信主动请缨，这封信后来转给了主持承包招标的地区计委主任，令其大为触动，据说这位主任到竞标现场的第一件事就是打听哪位同志是赵志全。

最终，这个毫无背景和资源的农二代、一个小工厂里的技术科科长，凭着一腔热血和扎实的专业知识，更依靠着自己令评委们颇为心动的"宏伟蓝图"竞标成功，成为郯南制药的新任厂长！

从这一刻起，企业家赵志全登场了；从这一刻起，郯南制药厂的历史命运发生了变化。但就当时而言，绝大多数人并未意识到这个重要转折的到来，赵志全激情洋溢的发言并未驱散他们心中的愁云和怀疑。本书主人公的故事由此开始，而怎样的成长经历促使赵志全一跃而起，牢牢抓住了这个稍纵即逝的机遇呢？

1.1 一方水土养一方人

正所谓"一方水土养一方人"：离开山东的历史文化环境，就没有今天的鲁南制药；离开生之养之的这片沃土，自然也就没有当初的赵志全。所以想了解赵志全和鲁南制药，首先要了解山东的历史文化环境。

山东与临沂历史文化发展

山东省位于中国东部沿海、黄河下游地区，境域包括半岛和内陆两部分：山东半岛突出于渤海、黄海之中，同辽东半岛遥相对峙；内陆部分自北而南与河北、河南、安徽、江苏四省接壤。境内中部山地突起，西南、西北低洼平坦，东部缓丘起伏，形成以山地丘陵为骨架、平原盆地交错环列其间的地形大势。山东是中国经济实力最强的省份之一，也是发展较快的省份之一，GDP 常年位居全国前三（自 2007 年以来），拥有 GDP 百强城市数量列全国第二（2020 年数据）。山东省拥有丰富的海洋、土地、矿产和旅游资源，也是全国粮食作物和经济作物重点产区，素有"粮棉油之库，水果水产之乡"之称。

山东省也拥有悠久的历史，是中国著名的文化名省。在周代时，齐国和鲁国分别被分封在山东境内，齐鲁文化对中华文化的形成和发展有巨大贡献及深远影响。生于此地的孔子和孟子在这里先后开创、丰富了儒家思想，成为 2000 多年来中国社会框架与价值观的基石。山东地区在历朝历代都是朝廷重镇，占据着重要的经济和交通地位。清末民初，山东部分区域分别被德国、英国和日本占领，由此出现了诸多近代商埠。在抗日战争期间，中国共产党则在沂蒙山等地区建立解放区，对赢得抗日战争和解放战争的胜利发挥了重大作用。

说起沂蒙山，就不能绕过沂蒙老区，也就必然会说起山东著名地级市临沂市。临沂市位于山东东南、黄海西岸，地处长三角经济圈与环渤海经济圈接合点、东陇海国家级重点开发区域和鲁南临港产业带，是著名的商贸名城和物流之都，是全国重要的商贸批发中心和物流周转中心，也是山东地区中心城市、临日都市区核心城市、具有滨水特色的现代工贸城市和商贸物流中心。临沂因临沂河得名，古为琅琊、沂州，是东夷文化的核心发祥地，出现过曾子、荀子、诸葛亮、王羲之、颜真卿、萧道成等著名历史人物。近代，中国共产党在临沂地区创建沂蒙革命根据地，成立了中共山东省委、山东省政府、山东军区以及中共中央华东局、华东军区。临沂市是山东省面积最大、人口最多的城市，下辖兰山、罗庄、河东3个区和郯城、兰陵、沂水、沂南、平邑、费县、蒙阴、莒南、临沭9个县。赵志全出生并成长于费县，该县历史悠久，名贤汇集。费县古称　　，上古为东夷之地，商代即建有方国，西周初年为鲁国附属国。春秋称费邑，战国改　国，西汉始为费县，自建县以来，有2200多年的历史。费县是唐代杰出书法家颜真卿的故里，素称"圣人化行之邦、贤人钟毓之地"，而脍炙人口的沂蒙山小调也诞生于此。

儒家文化的起源地

山东是儒家思想的发源地，先后诞生了孔子和孟子等儒家代表人物。在中华文化的历史长河中，儒家文化逐渐成为中央王朝的主导意识形态，如今也是中华民族礼仪文化层面的代名词和精神家园。临沂地区也曾出现过数位中国著名历史人物。琅琊颜氏是当地名门望族，南北朝时期的教育家颜之推写出了第一部系统完整的儒家思想家庭教育方面的教科书——《颜氏家训》，其对后世产生了深远影响。

临沂也是闻名遐迩的书法重镇，晋代书法家王羲之、王献之父子是临沂人，他们的《兰亭序》和《洛神赋十三行》是公认的中国书法美学的第一高峰。唐代大书法家颜真卿一门忠烈，为报效家国多人慷慨赴死；颜真卿为了纪念在安史之乱中为国捐躯的侄子颜季明悲愤而书的《祭侄文稿》被称为"天下第二行书"。根据《费县志》记载，后来苏轼在《颜真卿守平原说》一文中就指出："禄山之乱，河北二十四郡一朝降贼，独有一真卿，而明皇初不识也。"颜真卿不仅是大书法家，也是在安史之乱中挺身而出的大英雄。

在齐鲁精神的传承开新中，临沂不仅孕育出众多的名门望族、忠臣烈士，更孕育了勤劳勇敢、忠孝仁义、诚信厚道的人民。临沂人民的美好品质也在鲁南制药的企业精神中被充分体现了出来。

革命老区文化

2013 年 11 月，习近平总书记到临沂考察时对沂蒙精神做出高度评价："沂蒙精神与延安精神、井冈山精神、西柏坡精神一样，是党和国家的宝贵精神财富，要不断结合新的时代条件发扬光大。"[①] 许多人或许并不知道，沂蒙老区作为革命根据地长达 12 年之久，时长仅次于延安地区。陈毅元帅曾感慨地认为：沂蒙人民

---

① 李孝纯. 关于革命文化，习近平总书记这么说[EB/OL].(2020-12-06)[2021-05-08].光明网，https://m.gmw.cn/baijia/2020-12/06/34434965.html.

"用小米供养了革命，用小车把革命推过了长江！"

这种红色基因一代代传承，也融入了赵志全和鲁南制药的血脉。对内，鲁南制药一定程度上承担了职工生活、福利、社会保障等服务职能，做到了"企业办社会"，让员工过上美好生活；对外，作为纳税大户，鲁南制药为临沂地区的税收贡献了巨大的力量。

独特的革命历史塑造了属于山东的独特文化。下面我们可以以地处山东烟台栖霞市南部山区的衣家村故事为例来理解山东文化。

衣家村经济基础很差，村集体仅有几间办公室，全村 420 亩耕地，有灌溉条件的不到 30 亩。全村仅几十户、百余人，而季节性外出打工的劳动力占到全村劳动力的 80%，留守的村民大多年老体弱。2009 年，当过 14 年兵的衣元良回村担任党支部书记时，村集体长年没有一分钱收入，村民人均纯收入不足 5000 元。2017 年初，烟台市委号召村党支部领办合作社，衣元良连续三天三夜拉着村委会主任和会计合计，入户走访说服村民们加入合作社。面对缺钱、缺劳力的困局，一种带有鲜明衣家色彩的模式被创造出来：合作社由村党支部领办，村民自愿参加，每名户籍在村里的村民都拥有一股"原始股"。合作社运行后，实行"工票制"，社员（群众）参加集体劳动后，合作社按男劳力 120 元/天、女劳力 80 元/天的标准发放工票，满 2000 元可折合一股"创业股"。"创业股"可以按股分红，同时可以用于购买灌溉用水、果树苗和水利管线。

这样一个小山村，在村党支部的带领下，仅用两年时间打通了长5.5公里、宽5.5米的环山路，修起了蓄水池。56公里的输水管网通到每家果园；荒废几十年的土地被平整出来，种上了苹果、大樱桃；建起了藏香猪养殖场，10个玉木耳大棚拔地而起……

这个案例也体现了山东民众对领导者的渴望和要求，领导者要公平公正、身体力行，同时要能提出一系列的激励方式，把真正的经营成果分享给大家，而这就是赵志全和鲁南制药不断成长和发展的土壤。

◉ 山东企业总体情况

在讨论鲁南制药之前，先简略介绍一下山东经济和山东企业的大致情况。从整体看个体，这样更有利于我们观察鲁南制药这个典型案例的特点。山东省实体经济特别是工业和农业非常发达，临沂市则是山东省经济的重要发展引擎。根据山东省统计局发布的《山东统计年鉴（2021）》，2020年临沂市的第三产业较省平均水平要高（可能是出于物流发达的原因），但是第一、二产业的总值仍然高达45.7%。从2010年到2020年，山东企业数量有显著提高，但相比广东、浙江、江苏等省份仍然有明显差距。[①]

虽然山东省拥有巨大的GDP体量，但营商环境却并不尽如人意。山东的GDP体量在全国范围内名列前茅，很大原因是山东省的国有经济规模较大，因此各级政府也比较强势。相对其他地区，

---

① 2021年山东统计年鉴[EB/OL].[2022-01-27]. 山东省统计局官网,http://tjj.shandong. gov.cn/tjnj/nj2021/zk/indexch.htm.

山东的民营经济对政府和国有企业的依附性则略强。第一，山东省各级地方政府相对其他省份，掌握资源更多，权力意识也比较强，服务意识相对弱一点，这在一定程度上影响了省内的营商环境。相对于 GDP 体量而言，山东的财政税收规模较小，因此更多依赖土地财政，这也影响着企业的成长环境。第二，山东省内有很多强势的国有企业，这在一定程度上挤占了中小企业的生存空间，很多不需要国家控制的市场也逐渐被垄断。第三，由于一些国企的股权设计存在问题，行业内的企业难以做到协同配合，这也许是鲁南制药选择"企业办社会"的原因之一。第四，山东的企业，尤其是民营企业，和我国其他地区的民营企业一样也面临着融资难的问题。第五，教育竞争压力大等问题导致山东难以吸引人才，更加剧了山东经济，尤其是民营经济的困难。因此，这种环境导致山东的民营企业有以下两个特点：一是对政府的依赖性较强；二是产生了"民企像国企""企业办社会"的特殊文化。

山东和浙江都是我国的 GDP 大省，2020 年两省 GDP 分别为 73129.0 亿元和 64613.3 亿元，并且同处中国的东南沿海地区。虽然山东在面积和人口上略大于、多于浙江，但人均占地比例却类似（山东为 15.7 平方千米 / 万人，浙江为 18.0 平方千米 / 万人），两者从体量上看具有一定的可比性，但从源头回顾山东的民营企业发展脉络，便可深入了解其与浙江等地的不同之处。

从春秋战国起，齐鲁大地便是深受正统儒家思想影响的区域，一直到宋代，空前活跃的士大夫阶层在面对内忧外患的危机下仍追求维护孔孟之道的正统地位，继承了儒家关心政治的传统。而宋朝恰恰是我国古代唯一一个重商抑武的王朝，经济实力发展迅速，相比其他文明最早进入城市化进程。作为南宋都城的杭州已是超过百万人口的特大城市，居住着大量中产阶级，一批"经世致用"的思想家、哲学家和文学家致力于解决社会问题，务实的思想让传统儒学变得更有现实意义。山东维护儒学正统的压力和江浙地区经世致用的价值导向在随后面对战乱、灾荒等一系列动荡危机的历史过程中不断分化演变，形成了截然不同的区域文化属性。

首先，清末民初战乱频仍，外国资本大多退出中国，中国的商业活动得以支配工业企业以满足内需，因此这一阶段普遍被认为是中国企业家群体启蒙的黄金时代。在启蒙期，江浙地区"经世致用"的"重商思想"，从思想和社会教育等方面均为企业家的诞生做好了理论准备；而山东作为儒家文化的发源地，天然背负着维护正统的道义责任，在历代战乱中无法自我更新，最终走向封闭。其次，清末江浙地区作为"条约口岸"，商品经济在协议的保护下得到相对自由的发展，英、美、法等国来的商人出于自身利益考虑，在对买办的信任和培养方面都下了一定的功夫，间接为江浙地区培养了大批的企业家。而山东地区在被德国占领不久后就被日本占领，以达到其全面占有中国市场的目的，各种特权阶层欺行霸市，所以山东商人多是行栈商，只能通过为日商提供简单的低附加价值的服务获取报酬，基本不能深入日商的业务内部。因此，在长期的对外贸易中，江浙地区的商人完成了资金积累和企业家精神的培育，而山东则相对错失了这个企业家群体启蒙的黄金时代。

现在的浙江，小规模民营企业数量众多，在激烈的市场竞争中既更好地满足了消费者的各类需求，同时也围绕龙头企业形成了非常丰富的产业链。然而在山东，民营小企业的发展并非同样兴盛，因此鲁南制药为员工提供丰富全面的福利制度弥补了小企业不够发达的问题。同时，鲁南制药的产业链相对其他药企更长，这也帮助它提高了在经济不景气情况下的生存能力。

1.2　穷人的孩子早当家

赵志全 1956 年 11 月 24 日出生在山东省临沂市费县西葛峪村的一个贫困农村家庭。他是家中长子，还有四个妹妹。赵志全的父母因为身体原因，不能参加过多的农业劳作，所以他很早就挑起了维持生计的重担：每天早晨必须早起下地，替父母挣足工分之后才开始步行十几里去上学。

他的父亲虽然是农民，但很早就开始做小商贩来补贴家用。父亲的商贩轨迹从临沂延伸到青岛，在交通不便的当时，这是相当遥远的一段路途。如今哪怕已经 80 多岁高龄，赵父依然坚持卖自种的蔬菜和水果。在山东人民的传统观念里，父亲是一家之主，也是儿子的学习楷模，父亲的商贩经历对他产生了潜移默化的影响。

赵家原本就比较贫困，为了让家人生活得好一点，赵志全的爷爷早年间狠下心来将第三个儿子送去东北闯关东。老三也确实是个孝子，他在东北工作时省下的工资经常寄回家补贴家用。在那个收入极其低下的时代，老三寄回家里的钱真是派上了大用场，因此他逐渐成了整个家族最受尊敬的人。

20 世纪 60 年代初，全国都遭遇了三年自然灾害，费县的情况也非常严重。"粮食荒"发生时，生活在东北的老三已经闯关东 9 年，工作稳定。因为实在没有办法，赵父去信请求三弟帮忙，于是赵志全的三叔回到了家乡，目睹了全家人缺衣少粮的窘迫和无奈。三叔十分喜欢赵志全，看到正在长身体的他无法吃饱饭非常心疼，于是就主动提出把 3 岁的小志全带到东北。小小年纪就要别家离母，这是一个现代年轻人很难理解的情况，但在那个艰难的时代却时有发生。

那时，三叔家的生活也不算好，他们的大儿子比赵志全还要小，夫妻俩带着两个小孩子住在一间平房里，还要坚持定期资助山东老家的亲人。好在三叔夫妻二人都有工作，虽然贫苦，却也比山东那些吃不上饭的农民家庭要好很多了。就这样，在三叔的接济下，幸运的赵志全躲过了那场灾难，这个事件无疑对他的成长产生了重要影响，尤其是三叔的无私帮助让他从小就深刻认识到：即便是在贫困的环境中，也要有助人之心，无私奉献的人是最受人尊敬的。虽然在东北的 3 年赵志全还十分年幼，但与同龄的农村小孩子相比，他无疑早早地看到了不一样的天空，也在生活的对比中很早认识到了贫困的无奈。

很多人相信企业家特质是一种天赋，熟悉赵志全的人都说，他就是拥有这种天赋的人——从很小的时候起他就开始展现出一个领导者的特质。作为家中长子也是唯一的儿子，赵志全从小就被寄予厚望，虽然家境贫寒，但父母亲人们尽全力供他一个人上学，而最终他也回报了长辈对他的期望。"穷人的孩子早当家"，赵志全过早地承担了家庭责任，他连睡觉都是睡在房梁上自建的阁楼里，下面舒服的位置留给了妹妹们。对父母来说，他是最好的帮手；在妹妹们心里，他是一个保护神。秋收时节，十几岁的赵志全一边帮父母收拾地瓜，一边看护年幼的妹妹们。傍晚他常常肩挑扁担，一个筐里装着地瓜，另一个筐里则是睡着了的小妹妹，空下来的手还要牵着大一点的妹妹走路回家。到了夏季，年少的赵志全常常带着妹妹们去捉鱼，一摸就是一条，非常熟练，而妹妹们则像小尾巴一样拿着水盆帮他盛放捉住的鱼。

当写作团队在赵志全的妹妹陪同下在当年他们一起走过的田地散步时，妹妹指着一座小桥说，她记得有一次，她和哥哥发现一个醉汉躺在这座桥旁呼呼大睡，浑身泥泞，那时的哥哥想都没想就跳下去把他叫醒并扶他起来。妹妹说："这样的事情实在是太多了，只要哥哥看到他人有困难或危险，就会自然伸出援手，而且他总能想出办法来解决问题。"

和现在的孩子不同，赵志全大学前的时光并不是都被学习占据的，他有着非常丰富的生活经验。他当过民兵连长，还放过很长一段时间的牛。也许正因为这些经历，照顾别人、帮助别人对赵志全来说似乎是自然而然的事情。也不知是日复一日的责任把他塑造成了充满责任与担当的样子，还是他生来便是如此，领导者的气质在少年赵志全身上逐渐闪现出光芒。

1977年中国恢复高考，这给了许许多多普通农家子弟改变命运的机会。像赵志全这样的农二代想要脱离土地的束缚，只有当兵和考学两条路可走。然而因为外祖母家成分不好，当兵政审无法通过，考学成了他的唯一出路。

在山东农村的传统文化里，儿子是姓氏与香火的传承者，儿子的出息代表整个家族的荣耀。因此，深知农民疾苦的父亲想方设法培养儿子赵志全，全家只有他一个人读到高中，几个妹妹都早早辍学帮衬家中生活。然而不巧的是，赵志全读书时正赶上"文革"，高中未读完就进了生产队，先后当过生产队团支书、民兵连长，同时他仍然坚持学习，并且能够真正沉浸其中、学有所得。根据他妹妹的说法，赵志全并不是个书呆子，读书的时候很淘气，从不循规蹈矩，但成绩一直不错。得到恢复高考的消息后，他立刻对读过初中的五叔说自己要参加高考，五叔便将自己的收音机送给他，让他跟着广播讲座复习。就这样，他一边下地干活，一边复习，直到临近考试才跑到学校听了几节课。1978年，他如愿考入青岛的山东化工学院，成为沂蒙山区恢复高考后的第一届大学生。

赵志全考上大学，全家自然是欢天喜地，但是母亲却暗暗发愁。当时家里的条件实在太困难了，以至于母亲连为儿子做一床新的被褥都无法办到，赵志全只好背着一床薄薄的被子去学校报到。青岛的冬天不同于沂蒙山，潮湿寒冷的海风让没有暖气的宿舍寒如冰窖。更让赵志全苦恼的是个子不断长高但被子却无法加长，小小的被子根本裹不住身高超过一米八的赵志全。就这样赵志全裹着不够长的薄被子、躺在光板床上，靠着吃苦耐劳的沂蒙精神熬过了一个又一个漫漫寒冬。大学四年，赵志全没有向家里要过一分钱，他靠着每月几元的国家补助维持着自己的生活，这对于一个身材高大的小伙子来说属实不易。由于身材高大又热爱运动，靠国家供给的粮食根本填不饱赵志全的肚子，可即便这样，他还要尽力攒下一些积蓄，好在假期带点好东西回家。

回忆起大学时代，赵志全常会向身边人提起那个"不限量肉包子"的笑话。少年时代的赵志全身高体长，不仅成绩优异，而且酷爱文体活动。有一次赵志全代表学校参加青岛市长跑比赛，赛前他发现比赛主办方给参赛运动员的伙食标准居然是无限量提供肉馅大包子。这个现在看来再正常不过的安排却让当时的他感到无比幸福和满足，从小到大从没见过这么好的伙食，于是他想当然地认为多吃包子就可以有力气比赛并获得好成绩。然而结局却是，他的肠胃并没有像理想中那样迅速地完成消化工作，赵志全因为吃了太多包子而生平第一次有了吃撑的感觉，但结果是根本无法发挥出正常的长跑水平，竭尽全力下最终只获得了第八名。这个故事让我们感慨赵志全少年时期生活的艰难，细读之下不禁令人心酸。

1.3 初出茅庐的青年时代

作为恢复高考后的第一届大学毕业生，赵志全像他的同学一样有着令人羡慕的前途。那时社会上的大学毕业生极其匮乏，党政事业单位的人才供给普遍青黄不接，像赵志全这样的本科生最起码也应该被分配到科研机构、中专学校或行政机关，等待着他的应该是一份令人羡慕的安逸稳定的干部编制工作。根据女儿赵龙的说法，他在当时本来可以有更好的去处，但为了照顾家庭，他选择了离家较近的工作单位。正巧那时郯南制药厂到地区化工局要人，原本应该分配到化工局的"农村娃"赵志全就被分配到了郯南制药厂。但出乎领导意料的是，赵志全对组织的决定没有任何意见，背上行囊就出发了。当他来到郯南制药厂，才明白这里有多么偏僻和艰难。当时制药厂的老员工都认为工厂留不住人，赵志全一定也会像之前的大学生一样待不长。然而事实再次出乎所有人的意料。这个大学生竟然留下来了，而且工作起来浑身是劲，还义务担任了厂里的文化课补习老师。

后来郯南制药厂要搬迁到临沂，由年轻的赵志全担任搬迁队队长，厂部还决定由他负责设备的引进和安装。赵志全为了尽量不占用上班时间连夜坐车跑到上海，住在潮湿的地下室里，用尽全力与话语权强硬的设备厂商协商周旋，在一周内便顺利完成了全部设备的采买。正常情况下，设备采购完成后，需要先进行车间安装设计，再具体实施安装，但化工机械专业出身的赵志全对此早已了然于心，将设备的安装设计这一步直接省略，为搬迁工作节省了宝贵的时间。时值盛夏，赵志全考虑到炎热的天气不利于工人们安装效率的提高，于是创新性地提出了"颠倒黑白"的工作倒班制度：最炎热的时候睡觉，傍晚凉爽下来再铆足劲高效安装车间设备，这样算下来一天有效工作时间长达十几个小时，短短一周内赵志全就带领工人们完成了安装工作。郯南制药厂搬迁到临沂给企业带来了新希望，而搬迁过程中赵志全的出色表现更让所有人眼前一亮。

如果说想尽一切办法提高工作效率是赵志全踏实肯干的体现，那么尽职尽责无偿做工厂补习课老师则是赵志全无私奉献精神的证明。在赵志全刚刚大学毕业时，有文化的人才极其稀缺，不少地方甚至出现专科以上学历的人一律提拔的做法，于是通过自学提高学历成为当时的社会新时尚，很多单位纷纷为职工办起了补习班。然而，补习班好办，老师却难找，在郯南制药厂面临这个难题时，赵志全主动请缨，负责数学和化学课的补习，而且他一旦开始就坚持不懈。有一次上课正是天寒地冻的隆冬时节，又遇到下雪，负责教室开门的工友以为补习课肯定会暂停，所以没有去开门，学员们也想不如趁机休息一下。但是当学员们将信将疑地来到教室，发现赵志全不仅从窗户跳进教室，还生起教室里的火炉并做好了上课的准备工作。大家走进教室的时候感到既佩服又温暖，老师上课的决心和毅力比学生们还要强，大家还有什么理由缺课呢？

在郯南制药厂和后来的鲁南制药，熟悉赵志全的员工都会说，这样的事情每天都在发生，太平常不过了。在他们眼里，赵志全就像家里的大哥，什么事情都不声不响就做在前面，让人心甘情愿地追随他。我们有理由相信，赵志全这样的兄长风范应该早在他年少读书时就已经形成了，这并不是他成为企业家后才形成的个人特质。

相比于艰苦条件下求学的不易和初入社会的拼搏，赵志全的爱情显得格外美好，家庭也非常温馨。赵志全临终时念念不忘的五首歌中，第一首歌就是《粉红色的回忆》。这首歌温润着他的整个青年时代，也承载了他的爱情与青春。

赵志全和妻子龙广霞女士相识于1983年的夏天，龙广霞上山下乡后回城被分配到临沂药械厂工作，这个工厂就在郯南制药厂附近。她的家庭条件在当时来说比较好，父亲是军队干部，母亲和两个哥哥都在体制内有着不错的工作。两人的相识缘于龙父朋友的介绍，所以在两人见面之前，龙父对赵志全已有了初步了解。虽然当时赵志全家里非常困难，自己也刚参加工作不久，还是一个普通工人，但龙父与他见面交流之后就对这个谦逊懂事的年轻大学生评价很高。龙广霞也对个子高大、憨厚淳朴的赵志全非常满意，两人就此交往起来。没过多久，龙家所有人都对年轻的赵志全非常满意。

二人结婚时，龙广霞的陪嫁是一辆自行车，这在当时算一个"大件"。当时，赵志全骑着自行车带着妻子回老家无比风光，这辆自行车也成了他们的爱情信物。后来每次结婚纪念日，赵志全都会骑着自行车带着妻子环行工厂一周，后来他的身体大不如前，自行车就变成了汽车。在那个年代，人们的想法还比较单纯，对于农二代来说，能吃上"国库粮"，再找一个自己喜欢的、也吃"国库粮"的媳妇，骑着自行车回乡见父母，就意味着无上的荣光，确实称得上"粉红色的回忆"。

这样的爱情故事平淡却历久弥新，夫妻俩彼此相爱多年，从未有过二心。丈夫去世多年后，龙女士回忆往昔时仍然满怀对他的深厚感情，对于丈夫的英年早逝潸然泪下。

龙女士一直非常支持丈夫的事业，哪怕丈夫因为工作繁忙经常无法回家，她也能体谅对方，并从内心里为丈夫对工作的奉献精神感到骄傲。她不仅在生活中包揽家务，企业承包后，还承担了鲁南制药的后勤尤其是幼儿园的工作，多年来一直兢兢业业。工厂承包之后，龙女士的家人不仅在金钱上帮他们渡过一个个难关，还在生活中默默付出了许多。女儿赵龙基本在姥姥姥爷家长大，虽然两位老人身体并不算好，却完全理解女婿女儿的事业繁忙，积极为他们做好后勤工作。同样，赵志全也是一个非常重视家庭的人。因为平时工作繁忙对女儿的陪伴不够，他一直心怀歉意，在女儿有了孩子后常常主动和妻子一起帮女儿带孩子。直到今天，鲁南制药的宣传板上依然保存着很多赵志全和妻子女儿一同参加企业活动的照片，这些真实的记录更是为赵志全的形象增添了许多温暖和柔情。

第二章
从郯南制药厂到鲁南制药的重生
（1986—1996）

  我承包企业，不是为了个人发财，而是要把企业搞活做强，
为员工创造更加美好的生活……药厂需要改革，改革需要献身。

——赵志全

今夜我要痛痛快快，陪兄弟干杯

看吧，兄弟，五星红旗迎着风儿飞

多少苦累不后悔，让失败化成灰

来吧，兄弟们，都举起手中的酒杯

好兄弟干一杯，我不醉不归

——五首歌之二《兄弟干杯》

时间追溯到 20 世纪七八十年代，党的十一届三中全会召开，重新确立"解放思想、实事求是"的思想路线，做出了"改革开放"这个决定当代中国命运的关键抉择，人们开始对市场机制有了新的认识，一场具有革命意义的经济体制改革正式拉开序幕。

1986 年，党中央、国务院颁发了《全民所有制工业企业厂长工作条例》《中国共产党全民所有制工业企业基层组织工作条例》和《全民所有制工业企业职工代表大会条例》，以进一步规范企业中的权责问题和党政关系。1986 年 12 月 5 日，党中央出台了《关于深化企业改革增强企业活力的若干规定》，提出全民所有制小型企业可积极试行租赁、承包经营试点，加快企业领导体制改革，全面推行厂长（经理）负责制，并指出可以选择一部分亏损或微利的全民所有制中型企业进行租赁、承包经营改革试点。1987 年，国家经委、国家体改委又印发了《关于深化企业改革完善承包经营责任制的意见》，进一步推进经营责任制改革。

临沂地区积极响应并推动落实承包经营责任制和厂长负责制改革。当时的郯南制药厂因为濒临倒闭且职工人数不多，改革试错成本较低，便被选中成为临沂地区首家承包经营的试点企业。在这场受人关注的竞标中有 4 位竞争者，其中就包括年仅 30 岁的赵志全。那么，年纪轻轻的赵志全是如何中标的呢？

2.1 招标会胜出（1987）

◎ 从郯南到临沂

在具体介绍这次竞标之前，先简单说说鲁南制药的前世今生。鲁南制药的前身郯南制药厂，全名为郯南劳动大学制药厂，1968年由当时山东郯南劳动大学的几名下放干部聚在牛棚中筹建立厂。1968 年 10 月 15 日，山东省临沂地区革命委员会生产管理委员会正式发文《关于郯南劳动大学筹建制药厂的报告的批复》，同意郯南劳动大学筹建药厂，并由地区投资 2 万元用于购买生产设备。

建厂初期，山东省药材公司领导宣布郯南制药厂为中西药兼产制药厂。1968 年，药厂的第一批产品百尔定面市，随后相继上市了注射用水和葡萄糖注射液，复方大青叶注射液、当归注射液等中药针剂，以及山东省第一个诊断用药造影剂等，为后续郯南制药厂的发展积累了一定的产品种类。

1980 年，郯南制药厂正式与学校分离，隶属地区化工局，实行独立核算。同年9月，中药片剂开始投产，主要产品包括桑菊感冒片、银翘解毒片、复方丹参片等，其中数种产品获得了良好的口碑和荣誉。例如，银翘解毒片在1981年全国中成药同品种质量评比会上获得总分第一名，同年获得山东省优质产品称号，并于1983年获得国家医药管理局优质产品称号。桑菊感冒片在1983年山东省同品种质量评比会中获得总分第一名，郯南制药由此还参加了全国座谈会。

当时的郯南制药厂只是一家校办企业，因其规模过小，山东省临沂地区经济委员会决定从临沂化工机械厂划出28.54亩地归郯南制药厂所有，同时将临沂化工机械厂的150名职工拨往药厂。于是，1985年郯南制药厂搬迁至临沂市临西一路107号，这便是如今鲁南制药集团公司的初始配置。然而，由于设备陈旧简陋，职工动力不足，郯南制药厂很快便陷入了经营困难，而后被选中成为临沂地区首家承包经营的试点企业。

⊙ 赵志全为什么敢于竞标？

1987年10月23日，临沂地区运输公司礼堂，精心筹备多日的赵志全郑重而沉稳地等待着竞标的开始。临沂地区行署、地区经济委员会、地区财政局、地区税务局等地区招标委员会成员，地区工会、地区经济体制改革委员会、地区劳动局、工商银行、地区纺织局、地区机械局等部门的人员及200余名员工共同参加竞标答辩会，场面严肃认真，十分宏大。年仅30岁、时任郯南制药厂技术科科长的赵志全，与其他3名药厂职工一起参加了竞标。

当时其他3人都将重点放在如何止损上，只有赵志全一鸣惊人，在竞标报告中一举提出"当年扭亏为盈，实现利润20万元"的承包目标，并承诺："用4年的时间，实现产值1000万元，利润120万元。"这个目标对当时的郯南制药厂而言简直是难以想象的天文数字，当时的郯南制药厂不仅厂房破旧、设备简陋，同时市场薄弱、产品单一、人心涣散，企业账面净资产只有19万元，流动资金一分也没有，生产原料只够维持3天。在场的所有人对这个目标的实现均持怀疑态度，一时之间非议不断。面对质疑，他有条不紊地分析道，这些指标都是与会计王步强反复讨论过的，是建立在科学论证和现实讨论的基础上测算的。人们看到的是郯南制药厂的破旧简陋，赵志全看到的却是如何通过经营管理改革进一步改造现有设备、调配生产能力、扩大生产规模，如何通过分配制度改革调动员工的热情和积极性。赵志全掷地有声地说："我承包企业，不是为了个人发财，而是要把企业搞活做强，为员工创造更加美好的生活。"最终，他脱颖而出，成为厂长。

1987年10月25日是赵志全人生中最重要的日子之一，昨日的技术科科长在承包合同上郑重地签下了自己的名字，成为中国经济体制改革中第一批承包经营的厂长中的一员。当时谁都没有想到，这个沂蒙老区国有企业改革的第一份承包合同，将为这个地方带来怎样翻天覆地的变化。赵志全在时代最前沿的改革发展潮流中乘风破浪，从此奏响了自己无私奉献、拼搏奋进的人生主旋律。

从一个普通农家孩子，到一步步成为全中国唯一一个"时代楷模"民营企业家，其中承包郯南制药厂是关键一步。笔者在这里想要讨论的问题是：从他的早年生活来看，是哪些因素促使赵志全选择竞标，从而积极主动地改变了自己的命运，最终成为受人尊敬的企业家？他是如何竞标成功的？赵志全成为企业家是必然的吗？

笔者认为，赵志全的企业家之路并非主观计划，是外在机会的偶然性和他自身个性必然性相互结合的结果。从环境来看，赵志全生活的时代本身就是一个充满变化、机遇和挑战的年代，一系列经济改革在中国大地上如同星火燎原，彻底改变了诸多人的命运。"时势造英雄"，郯南制药厂被选为临沂地区第一家改革试点企业，这确实不是个人能够计划和预期的，赵志全无疑称得上是当时中国大环境塑造的企业家。

那么为什么赵志全敢于参加承包竞标呢？笔者认为主要原因有以下四点。

首先，赵志全经历了太多的社会磨难，这使他逐渐拥有了成事所必需的坚忍品质。和当今一直读书、生活在校园里的知识分子不同，赵志全成长的过程经历了太多困难和艰辛。作为大哥，他承担了超乎想象的家庭责任；作为学生，他经历了农村孩子求学的艰难；作为农村孩子，他还当过生产队队长，去山上放过牛。能够接受正规的教育对他来说并不是理所当然，而是他本人持续努力外加一点运气的结果。在成长过程中，他已经见识了现实的残酷，他不仅始终保持了赤子之心，而且从来都能够正视现实，以非凡的刚毅和敏锐改变了自己的命运。

其次，"能干成一番事业"是因为赵志全的性格。赵志全的出身并不优越，是个农村娃，家庭成分也不算好。但他是个想干事、敢干事和能干事的人。明明知道自己出身不好，大概率不会被推荐读高中，赵志全为什么还要坚持学习呢？明明知道改革前国有企业体制僵化，赵志全为什么能组织新机械的购买和组装，对工作全身心投入呢？这其实是一种不认命的状态，而不认命就是赵志全的命！正所谓"天助自助者"，他始终以做好自己来等待命运女神眷顾。

再次，赵志全相比于周围人，是个眼界开阔的人。他3岁的时候就被三叔带去东北抚养，他的父亲又是个走街串巷的生意人，和周围的同龄人比，他从小就见识过更大的世界。赵志全是在青岛读的大学，相对于封闭的山东内陆，青岛是一个国际性港口城市，在这座城市生活的4年，无疑让成长于内陆小乡村的赵志全开阔了眼界。而广阔的视野会影响一个人的格局，一个人的格局往往决定他的上限，因此赵志全敢想敢干，哪怕面对的是这个濒临倒闭的小药厂，在自己对企业经营的问题已有深刻认知的前提下，他也成竹在胸。

最后，赵志全乐于奉献。从他选择离家近的郯南制药厂工作开始，他就一直在思考如何能为药厂员工和家乡父老做贡献。赵志全始终拥有高度的政治觉悟，临沂地区行署既然决定把第一个承包试点选在了这家药企，他作为企业的一员，就有责任站出来。

作为家中唯一的男孩，又是长兄，赵志全已经习惯了奉献和责任；当郯南制药需要一个"拯救者"时，他率先冲了上去，像"大家长"一样勇敢地保护他关心的人。正是出于这种自然而然的英雄情结和责任感，赵志全做出了他人生道路上最重要的决定，这也铸就了他不平凡的企业家之路。

虽然现在大家对赵志全成功夺标一事不足为奇，但是在1987年10月竞标以前，对郯南制药厂有所了解的人是绝对不会这么想的：一家拥有200多名员工的国营企业最终选择一个年仅30岁的技术科科长来做企业领导，这在当时是令人难以想象的。为什么年轻人会有机会竞标成功？除了赵志全积极主动以外的一个重要原因，就是改革开放初期的国营企业实在困难太大，真正了解企业状况的人很难有勇气站出来，因为对于一个已经端上铁饭碗的国营企业员工来说，承包失败的风险实在是太大了。

● 小小科长因何承包中标？

人们常说时势造英雄，改革开放确实给一大批能人志士提供了广阔平台。承包中标是赵志全事业的开端，但是这个开端绝不是历史的巧合或是领导有意为之。细究个中原因，答案还在赵志全本身。

首先，赵志全是一位充满情怀、使命与责任感的大学毕业生。沂蒙这片红色土地孕育出的人民勤劳、淳朴、厚道、平直、踏实、能干，更有着爱国爱党、保家报国的家国情怀和责任感。

赵志全在竞标报告中如此写道："我的心情和大家一样，为厂里的这种局面着急，心里就像火一样燃烧。我们是企业的主人，改革的成败关系到药厂的生存和发展，也关系到每个人的切身利益，我们都有义不容辞的责任。药厂需要改革，改革需要献身。"当郯南制药厂被选为改革试点，许多员工还在为未来的生存而担忧时，赵志全却明显地觉察到了改变现状的机会，并带有强烈的使命感与责任感："我作为一个受党培养多年的知识分子，正值年富力强，一个强烈的信念一直激励和鞭策着我——药厂既要振兴、要发展、要为社会做出贡献，也要造福于本厂和为它的建设付出辛勤劳动与汗水的全厂职工。"

其次，赵志全是具有扎实基础与调查研究能力的专业人士。赵志全1982年1月毕业于山东化工学院（现青岛科技大学）化工机械专业，一毕业即被分配到郯南制药厂的机修车间工作，是当时药厂里为数不多的具备专业知识的大学生。1984年至1985年期间，郯南制药厂从偏远的郯南搬迁到临沂市内，赵志全作为筹建新厂的成员，亲自带着工人一起负责了药厂几乎所有车间设备的设计与安装。1985年5月，他担任了设备动力科科长；1986年，担任了技术科科长。作为一名大学生，赵志全所接受的教育和具备的专业知识、能力，与药厂的普通职工是不一样的。同时，作为一个土生土长的药厂人，经过工作历练，他对药厂的情况可谓了如指掌。这为他深入客观分析药厂的现状打下了坚实的基础。

再次，赵志全针对药厂情况进行了充分的调查研究，包括药厂当时的设备、产品生产、资金情况、历年来的经济效益情况等，这为发现问题及提出解决方案提供了充足翔实的事实依据。竞标当天，面对众多在场的领导和职工，赵志全在竞标报告中先对药厂的现状和问题进行了清晰的介绍，针对药厂的资金情况、历年来的经济效益情况以及与全省同行业的比较进行了详细分析，然后对具体承包经营指标额度给出了明确的测算依据和标准。在招标书上，赵志全给出了 1988 年到 1991 年的具体承包额："1988年，产值 440 万元，利润 40 万元；1989 年，产值 548 万元，利润65 万元；1990 年，产值 718 万元，利润 90 万元；1991 年，产值918 万元，利润 120 万元。"他还说："这都是经过精心计算的，如果达到这个产量，成本不再提高，我们就可以达到这个利润。这不是随便估算出来的。"最后面对药厂的现存问题及差距，他还详细讲述了承包经营之后的主要措施和发展规划，提出了包括内部承包经营责任制、加强计划管理、严格质量控制等重要举措。这与当时其他 3 位只知道谈如何止损的竞标者形成了鲜明对比。

据当时还是药厂财务会计的王步强介绍，赵志全那会儿说过，之所以参加竞标答辩，是因为他认为就目前的设备、产品来看，药厂不应该严重亏损，他想借此次机会改变现状，实现企业的效益最大化。当时赵志全找到他商量制定承包经营指标的事情，他们对每个指标都进行了反复讨论推算。赵志全对于如何改造现有设备、调配生产力、扩大产能等均有自己的一套思路。此外，他还非常善于做群众工作，承诺让员工过上好日子，并准备进行分配制度改革以激发全体员工的积极性。

最后，赵志全作为一位拥有较强政治敏锐性的药厂科长，还在招标会之前主动给地委领导写信，让领导们了解郯南制药厂的基本情况，并大胆毛遂自荐。

1987 年 10 月实行承包经营之时，主持改革试点工作的是原临沂地区体改委主任刘宗元，在郯南制药厂承包竞标会之前，时任地委书记的刘明祖转给了刘宗元一封特殊的信件。在这封信件中，赵志全从一个专业技术人员的角度，对郯南制药厂当时存在的弊端及改进方法、企业的潜力、产品前景、设备潜能、新产品开发方向等均做了详细专业的叙述和说明。据刘宗元回忆，当他读完赵志全的这封信后，就被这位年轻人清晰的思路、精辟的见解以及对企业了如指掌的分析所折服，更难得的是赵志全在对未来以销定产的规划中表现出了超前的市场思维。慎重起见，刘宗元又亲自走进郯南制药厂去考察这位技术科科长，直到了解了外围人对他的综合评价后才决定亲自见他。

在当时的历史背景下，改革试点责任重大，领导的观点和意见也是重要的决策参考。所以，赵志全主动给当时的地委书记刘明祖写信阐述自己的思路和想法，而事实证明，这封信确实为他赢得这次"竞选"帮了不少忙。

赵志全在竞标报告中说的"药厂需要改革，改革需要献身"成了他工作的真实写照。签下承包合同后的赵志全马不停蹄地开展工作，跑遍各家银行贷款均无结果。最后还是市工行行长因为参加过答辩会，对赵志全动了恻隐之心，才借给他 2 万元，但是还款期只有 1 个月。后来实在没办法，赵志全的妻子龙广霞开口向自己的父亲求助，龙父倾囊而出，再加上从其他职工那里东拼西凑的钱，最终凑到 3.8 万元，这才开始了赵志全艰难的创业之旅。

2.2　第一个承包期（1987—1991）

1987 年承包之时，赵志全面对的是一个濒临倒闭、人心涣散、设备简陋、产品单一、市场薄弱的药厂，如何改变现状以救活药厂是赵志全面临的首要问题。很快，在深思熟虑之后，赵志全针对当时药厂的弊病进行了深刻的改革。

◉ "药厂需要改革，改革需要献身"

厂长承包经营制从 1983 年起就在各地石破天惊地搅活了一潭死水，如火如荼地在中国大地陆续铺展开来。然而改革是一项系统工程，绞尽脑汁终于筹齐贷款的赵志全却没有预料到，在为打破体制而欢呼雀跃的背后，更深层次的观念和制度变革将会引发怎样的冲突和动荡。就在他撸起袖子准备大干一场的时候，与承包经营制度配套的改革方案一石激起千重浪，既得利益者、竞争者与眼红者的反对让他四面楚歌。

1987 年承包经营之前，郯南制药厂的员工和当时所有的体制内国营企业一样，吃的是国库粮，拿的是财政拨款，端的是政府给的铁饭碗，过的是不愁吃穿的自在日子，企业经营好坏也跟个人利益没有多大关系。但是当时这一切都被"新名词"——厂长经营承包责任制打破了，既得利益者们心中难免愤愤不平，而赵志全大刀阔斧地改革打破原有的人事、劳动和分配制度，打破"铁工资、铁饭碗、铁交椅"，更是直接触动了他们的利益。员工怒火中烧，毫无背景的新厂长赵志全首当其冲地成为他们攻击的靶子。

这些人开始明着暗着使各种绊子，明面上的闹事、骂大街等就不必说了，他们还暗地里纠集起来写匿名信，夸大其词妄图颠倒黑白，不断以制造假药、贪污公款为由诬告赵志全。匿名信铺天盖地席卷而来，不仅发给了上级政府，更是发给了每个职工，甚至是一些经营单位和商场，一时之间社会非议不断，以至于药厂承包还不到一个月，便有各类调查组开始频繁进厂。1988年5月30日，国家监察部、省监察厅、省卫生厅、省药检所、地区监察局、地区卫生局联合调查组来药厂调查药品质量问题；6月23日，地区经委、化工公司、监察局、卫生局、医药局联合工作组驻厂，帮助整顿工作；最严重时甚至有十几个部门声势浩大地进驻只有200余人的郯南制药厂开展调查，仅调查人员就有100多人。无奈之下，1988年7月28日至8月3日，药厂停产整顿。

源源不断的调查让赵志全倍感压力，但赵志全坚信身正不怕影子斜，这些风风雨雨他并不害怕。然而这些人的手段远不止这些，他们还打起了赵志全家人的主意。这些人威胁他的家人，甚至谎称是熟人试图在放学时接走当时年纪尚小的女儿赵龙，幸得同学和学校老师及时保护才未让歹徒得逞。

从 1987 年承包开始，赵志全便没日没夜地投入工作，妻子龙广霞里里外外操持着家中大小事务，全心全意地支持着赵志全的事业。因为无暇顾及年幼的孩子，女儿赵龙便跟着姥姥姥爷一起生活。1988 年，赵志全的父亲犯病住进了临沂中医院，赵志全却分身乏术，龙广霞帮赵志全的父亲办理了住院手续，整个住院期间天天送饭探视，全程照料，而此时的父亲和五叔并不知道赵志全正身陷困境无法脱身。手术同意书也是赵志全的五叔赵元常代签的。

当上厂长的儿子半年没有回家看望老母亲了，母亲心中很是不理解，心想当厂长还了不得了，居然忘了娘。赵志全母亲亲自上门把儿子数落了一顿，然而赵母不知道的是，此时的赵志全刚刚交完药厂的第二次罚款回来，本就心情郁闷的赵志全突遭母亲劈头盖脸的一顿数落，心情低落到极点。外面是各种诬告、抹黑和调查，厂子里半年不到已经交了两次罚款，钱也没有了，家人也跟着自己受苦受威胁，自己的亲娘也不理解……赵志全有了前所未有的无力感，艰难地对着妻子龙广霞说："我不干了。"万分心疼丈夫的龙广霞轻轻点点头，默认了。龙广霞回忆说："一辈子有很多坎，这是他第一次说不干了。"

几个小时以后，平静下来的赵志全坚定地说："还得干。"赵志全心想不能对不起大家，不能辜负大家的信任。这次的磨砺只会让他变得更加坚强和执着。第二天，他一如既往地去厂里组织大家开会，丝毫看不出前一天发生过波澜。

赵志全顶住层层压力与大家一起奋斗，一边配合调查一边紧抓产品与市场，而所有的调查结果也最终揭示了心怀不轨者的恶意企图，向所有人证明了赵志全的清白。

◉ "三板斧"提前完成业绩目标

承包药厂后的赵志全从三个维度大刀阔斧进行改革：打磨产品、盘活销售、扩大产能，最终提前实现了令他人难以企及的承包目标。

"三板斧"之一：借梯上楼，联合开发，打造主力产品

1987年承包经营之前，郯南制药厂主要以生产中药产品为主，顺带生产极少量的西药。承包经营前生产过的中药产品包括了中药片剂如桑菊感冒片、银翘解毒片、复方丹参片、新复方大青叶片等，中药针剂如丹参注射液、复方大青叶注射液、银黄注射液、鱼腥草注射液、板蓝根注射液等。西药部分只有西药针剂，如1969年试验成功的维丙胺注射液、氯化钠、葡萄糖、百尔定等。制药厂的中药产品虽然种类丰富，却普遍缺乏市场认可，一直不温不火。

接手药厂后赵志全想出了"借梯上楼，联合开发"的方式，主动与山东中医学院合作，创造性地借力谋势，抢占先机研发出新药"银黄口服液"，1988年正式投产。当时药厂的复方大青叶产品已经在江浙沪一带销售，赵志全抓住药厂已有的一些市场销售基础，捎带上银黄口服液进行推广。

事实证明，联合开发新药银黄口服液是非常正确的决策，银黄口服液的畅销直接奠定了提前完成承包指标的基础。1989 年，药厂完成工业产值 1115.11 万元，比 1988 年增长了 63%，相当于 1982 年到 1986 年 5 年的总和，实现利润 101.9 万元，固定资产由承包前的 287.3 万元增加到 553.8 万元，增长了 93%。赵志全用不俗的业绩逐渐赢得了员工发自内心的信任和支持。

"三板斧"之二：狠抓销售，开拓市场，坚持业务首位

想要尽早实现承包时定下的业绩目标需要更广阔的市场支撑，也需要打造一支能力过硬的销售团队。当时的郯南制药厂由药材站供给生产中成药所需药材，生产出来的产品再由药材站进行分销或者包销，产销一片死气沉沉。赵志全具有较强的市场意识，他深知市场对于企业发展的重要性，从承包中标后的第一天起他就提出"不找市长找市场"的理念，承包之后便开始找市场找业务，并立即着手成立了专门的业务部门负责销售工作。

针对业务队伍，赵志全后来提出了"公正清廉、勤奋敬业、品德至上、人格至上，解放思想、开拓进取、市场无限、追求无限"的业务训导，要求全体业务员贯彻落实。同时，他认为企业不能仅仅停留在省内市场，应该不断开拓省外甚至是国际市场，要"坚持业务首位意识，一切以有利于市场健康发展为目标"。赵志全以身作则，带领业务团队艰苦奋斗在各地的销售一线。1990 年元旦，赵志全通知仅有的 4 名业务员会师蚌埠。时值寒冬，他赶到时已是凌晨 5 点，5 个人在一个狭小的房间稍事休息便又精神百倍地参加银黄口服液推广会。会后5人兵分两路，一路去合肥、西安，一路去天津、石家庄，太原，未有丝毫停歇。

同时，他还拥有那个年代极为稀缺的产品宣传意识，创新性地在电视剧《渴望》中投放广告，而随着《渴望》的热播，银黄口服液也一炮而红。战术成功，团队过硬，得力的业务推广使得银黄口服液一经上市就供不应求。

"三板斧"之三：提前布局，扩大生产，保障供应能力

1985年郯南制药厂搬迁之时，提取车间的设备除了两台不锈钢浓缩锅外，全部为搪玻璃设备，片剂车间则是由两排破旧的平房改造而成的，简陋的设备设施极大地限制了药厂的生产力。1988年，口服液二车间成立，随后片剂和口服液新大楼也开始启用。同年，赵志全以每亩1.2万元的高价从宏伟村征集了15亩地。这对于当时的郯南制药厂来说是一个关系重大的决策。

根据1990年9月13日赵志全在全区经济体制改革工作会议上的讲话《承包制带来了鲁南制药的春天》，从1987年承包经营到1990年期间，药厂用于更新设备，投资120万元，用于厂内生产性基建，投资150万元，兴建建筑面积1365平方米的综合制剂生产楼一幢和建筑面积2840平方米的大型综合仓库楼一幢，并计划投资300万元用于银黄口服液技术改造项目。正是赵志全全面扩大产能的提前布局，有力支撑了新药的全国畅销，从根本上保证了销售能力的变现，也为药厂后来的持续快速发展夯实了基础。

银黄口服液在国内市场大获成功。1987年底至1988年3月间，

上海甲肝暴发，感染人数 31 万人，药厂的复方大青叶合剂以及银黄口服液成了供不应求的产品，产值大幅增加，1990 年产值达到 1700 万元，年产值增长了十几倍，利润 160 万元，提前一年完成了承包目标。1990 年 8 月 27 日，郯南制药厂正式更名为鲁南制药厂，第二年产值更是突破 2500 万元，利润超过 200 万元。

◎ 一首厂歌凝心聚力

赵志全自 1987 年承包药厂至 1990 年，不仅解决了企业的生存问题，还带领药厂取得了翻天覆地的进步与发展，产值利税连年翻番，提前一年完成了在 1987 年承包之时一度被人们视为不可能完成的承包期目标。赵志全认为这是鲁南制药厂发展历史上里程碑式的重要节点，在这继往开来的时刻，应该进一步凝聚力量，齐心奋进。赵志全认为："一个企业要有企业精神，要有千百人在企业精神的鼓舞下无私奉献、团结奋斗。"于是，原本喜爱唱歌的赵志全于 1990 年亲自创作了鲁南制药厂厂歌《我们唱起歌手拉手》，同年还获得了沂蒙首届艺术节创作奖。如果说第一个承包期任务的顺利完成使得赵志全在厂里站稳了脚跟，那么他创作的鲁南制药厂厂歌则建立了全体员工对企业精神的认同。

赵志全 1982 年 1 月进入郯南制药厂，在那个艰难困苦的年代与大家一起并肩奋斗，伴随药厂一起风风雨雨地走来，对药厂和职工有着深厚的情感。正如赵志全在《鲁南制药厂厂歌创作思想》中所讲的："我了解并经历了药厂艰难的创业之路，前辈的辛勤耕耘和广大职工的奋斗精神使我备受感染。广大职工是国家的主人，是企业的脊梁，是社会主义财富的创造者，我们应该携起手来，亲如兄弟，共同为企业富强辛勤工作，以饱满的热情，用劳动的双手创造美好生活。"

厂歌总共分为三段，分别以"我们唱起歌手拉手""我们向前走手拉手"和"我们鲁南人手拉手"为开头，表现出鲁南人亲如兄弟的感情和坚定的信念与步伐。每段的第二节均是以"为鲁南富强，多少人执着追求"开头，引发每一位鲁南人的思索和深深的责任感。每段的第三节内容分别为"创业的道路用汗水浸透，耕耘者付出多少艰辛，闪光的脚印留在我们心头""勤劳的人创造千秋业绩，历史的重任在我们肩头，奉献的精神鼓舞我们奋斗""美好的明天靠我们建设，团结拼搏，继往开拓，把青春年华献给壮丽的事业"，分别"歌颂了前辈辛勤的创业精神和不懈追求，歌颂了团结拼搏带来的巨大变化，歌颂了为药厂的明天不畏艰难、勇于攀登的广大干部职工。希望员工团结一致，不忘艰难，珍惜前人用心血和汗水换来的今天。大家互相勉励，自强不息，迎着风雨奋斗，共同创造更加美好的明天。"[1]

赵志全创作的厂歌就如同他本人一样激情澎湃、斗志昂扬、团结有力，充满着勃勃生机，让我们仿佛顷刻间回到了那个热情洋溢、欢欣鼓舞、干劲十足的年代。赵志全曾在对业务员的谈话

---

[1] 赵志全.赵志全文集[Z]. 临沂: 鲁南制药，2016: 4.

中提到，厂歌明确表达了他的精神追求："看到一座座高楼平地而起，看到一台台设备在厂里安家，看到我们的产品一车车送到四面八方，看到我们的企业欣欣向荣，看到一批批职工进入我们的企业，职工队伍不断壮大，看到职工的收入不断提高，福利设施（包括劳动环境）不断改善，职工安居乐业，当然也看到公司形象不断被提升，得到社会承认，我觉得这是我最大的精神享受和不懈的追求。"[①] 赵志全之后在庆祝承包经营 10 周年讲话中表示："我深深地爱着我们鲁南制药和每一位员工！"厂歌淋漓尽致地展现出他对鲁南制药和员工深深的爱。

厂歌体现的正是鲁南制药自强不息、不畏艰难、勇于攀登、团结拼搏、不懈追求的企业精神内核。每当厂歌响起，我们都能感受到亲如兄弟姐妹的鲁南人肩负责任，斗志昂扬，充满自信与光荣，团结拼搏，创造美好未来的生动画面。

2.3　深化改革谋发展（1992—1995）

1987 年承包经营之后，赵志全主要以解决药厂生存问题、实现承包目标为首要任务。在药厂成功复活，提前一年完成承包目标之后，如何让企业进一步发展又成为萦绕在赵志全心头的问题。赵志全沿着自己的改革思路，进一步深入推进改革，不断促进企业发展。

---

① 赵志全.赵志全文集[Z].临沂:鲁南制药，2016: 154.

● 重视学生招聘，提升素质水平

按照国家规定，银黄口服液的生产保护期只有 3 年，保护期过后其他厂家都可以仿制生产、销售该产品，到时势必会出现供大于求、售价降低、利润压缩的局面，先前的竞争优势便会逐渐失去。因此，赵志全想进一步推进产品结构改革，谋求可持续发展，而这就需要更多的人才支撑。只有不断地引进外部人才，提升企业的整体人员素质，才能实现他的发展梦想和经营企业的布局。

1987 年承包之时，药厂只有 200 多人，员工年龄相对较大，而且主要都是以社会招工的形式招入的，一般初中毕业即可，文化程度不高。而临沂位于沂蒙山区腹地，交通不便，经济发展落后，也很难吸引高素质人才落户。如何提升整体人员素质以适应药厂发展需求成了关键问题。

赵志全认为，当时的公司不仅缺少具有专业背景的科研技术人才，整个管理队伍也缺乏活力，因此希望一些有主见、有个性、有知识的年轻人成长起来，成为能够在各个岗位上承担责任、有创新能力的人才。因此，1992 年起，鲁南制药决定不再进行社会招工，而是只招收应届毕业生，学历不论高中还是大学、专业不限，来了就要。

赵志全对这些应届生员工十分重视。他们进入企业之后，首先需要深入车间工作一段时间，3 个月后赵志全会亲自召开座谈会。开会前，他总会提前阅读员工信息表，大致了解这些员工的性别、年龄、专业、毕业学校等基本信息。开会时，他坐在中间，员工围坐一圈。每个人先介绍自己，主要内容一般包括：我是谁，我是哪个学校毕业的，学的什么专业，我在车间干了些什么，我有什么想法、有什么建议等。应届生员工慢慢多起来后，赵志全就利用晚上时间，安排与他们见面交流，大概20人一批，全部交流一遍。赵志全坚持每年都跟应届生员工见面交流，这种做法一直持续到2008年前后，后来由于应届生员工实在太多才不再经常见面。他不但经常听取应届生员工的意见，还尽全力帮助他们解决生活上的困难和工作中遇到的各种问题。到2001年，鲁南制药有本科毕业生620人，大专毕业生427人，他们中的90%以上都具有各类专业技术职称。据当时的秘书李宝杰回忆，赵志全在2002年之前常常加班到半夜，当时这些应届生员工有什么事都可以去他办公室，还可以写信给他。他还要求这些应届生员工每周汇报一次，只要没过晚上12点，每个人都可以打电话给他。

赵志全选人用人并不单纯看简历或者简单听别人推荐，而是跟应聘者见完面后，考虑岗位的需要，同时根据应聘者的专业情况以及他对应聘者的了解，安排到合适的岗位。除旁人推荐之外，人才也可以自荐，当然还要经过一段时间的考察。他始终认为应届生要先去车间了解，对一线生产管理熟悉以后再调整到合适的岗位。1993年8月，为了实现干部队伍年轻化、知识化，鲁南制药先后提拔了一批年轻有为的具有大中专学历的人才担任车间负责人。

赵志全用人主要强调人品和能力。只要人品好，对工作勤奋执着，他就要。据当时在劳动人事科工作的姜佳峰回忆，集团现任副总张理星以前比较有个性，也很犟，赵志全在办公室都赶他好几次了，生气了就说："你走！"但是因为张理星人品好，工作勤奋，这样的场面从未影响他的晋升。同样，现任董事长张贵民当时主要搞科研，不仅较真还偶尔会有小脾气，但是因为人品好、工作认真，赵志全也不吝提拔。笔者发现，现在在鲁南制药担任领导岗位的大多数经营管理者都是在这个时期进入公司，并被赵总逐步考察、培养和磨炼起来的，他们最终都成了公司发展的中坚力量。

◉ 改革分配制度，激发团队活力

有了人才，就需要考虑如何激励他们创造更大的价值，因此赵志全继续推动鲁南制药分配制度改革，希望彻底激发团队活力。

首先，1994 年 3 月，作为全省 100 家股份制试点企业之一，山东鲁南制药厂正式改组为山东鲁南制药股份有限公司，并开始发行股票，一元一股，其中国有股份占比约 25%，其余股份面向职工和社会发行，并配有股权证。1995 年引进外资股，更名为鲁南制药股份有限公司。当时的员工持股计划虽然规则和模式都不太成熟，但鲁南制药的改制尝试将劳动者与所有者合二为一，使员工与企业共享利益、共担风险，激发了公司长期健康发展的根本动力，也极大提高了公司的凝聚力和竞争力。1994 年的股份制改革表面上波澜不惊，但其实玄机暗藏，一些关乎鲁南制药后来走向的矛盾冲突在那时就已埋下了伏笔，本书将在后面的第七章展开讨论。

其次，从 1994 年 11 月起，赵志全进一步推行分配制度改革，实行按劳分配，采用岗位工资制。他斩钉截铁地说："改革也许会失败，不改革一定是死路一条。"在计划经济时期，工资级别是国家统一规定的。用工单位按劳动能力规定级别工资，它不包含劳保福利。当时企业普遍使用的是档案工资制度，工资的高低与你的岗位职责以及贡献程度关联度较低。赵志全较早地实行了工资改革，根据岗位来定工资：不管你学历高低、老员工还是新员工，如果生产多，干得好，成本降低，你就能拿得多。11 月 4 日，鲁南制药分配制度改革方案正式实施，当月公司的平均工资高达 825 元，创历史新高。通过岗位工资改革，赵志全清晰地打通了员工创造的经济效益和收入来源之间的关系，极大地调动了职工的积极性。

最后，1994 年的分配制度改革还实行业务人员工资独立分配方案，对业务人员采用奖励制度。1994 年，鲁南欣康（单硝酸异山梨酯）作为新产品上市，一盒售价 40 多元，尽管比进口药便宜，但对于当时的市场来说还是属于非常贵的药。为了激励业务员做市场推广，赵志全给每位业务员定下任务指标，并提出只要完成三分之二的指标，就可以给予 3 万元的奖励。据当时还是业务员的徐进东回忆："赵总集中了当时公司账上所有的钱，一共 65 万元，取出现金用装苹果的箱子放在后备厢里，开着桑塔纳从山东跑到郑州，然后根据业务员的完成情况当场给予市场开发费 3 万元或 6 万元。""当时在宾馆里发钱，我还去买袋子，不然钱没地方放啊！那时候还是很刺激的。"徐进东谈及此处一脸笑意地感慨道。

1995 年初，赵志全就开始采用承包经营的方式，选择业绩优秀的业务员作为承包人，并给予非常优惠的政策。1995 年 7 月，公司决定对业绩优秀的业务员进行红包奖励，并由赵志全亲自发放。

赵志全为了鼓舞常年在外的业务将士们，还细心地设立了家庭备用金，专门帮助有困难的家庭，并一再嘱咐管理层："业务人员一年到头在外求人，我们不能让他们回来之后再求我们。"业务代表袁清通说："那时我们坐着车回家过年是非常体面的。过去一年到头村里也见不到一辆车，公司派车送我们回家，那荣誉也是至高无上的，左邻右舍看着都非常羡慕。"现在分管销售的副总王义忠说："赵总开的桑塔纳累计行程已经 60 多万公里了，我们也让他注重企业形象，换一部车，但他总说车只是代步工具而已。他认为业务将士用好车，才能体现公司形象。"

◉ 进军西药市场，改善产品结构

在人才招募和激励的同时，赵志全也深知产品结构改革势在必行。1991 年，赵志全凭借敏锐的行业嗅觉，果断决定进军西药市场，和山东省医药工业研究所（以下简称"山东省医工所"）签订了 8 万元氯唑沙宗生产工艺转让的协议。1991 年 3 月 27 日，国家重点技术开发项目氯唑沙宗论证会在临沂友谊宾馆召开。10 月 3 日，氯唑沙宗项目奠基典礼在新西厂举行，由此揭开了鲁南制药中西药兼产的序幕。西药厂区建设的时候，银行明确表示不给一分钱。整个建设过程全靠鲁南制药自己筹资、设计、建造安装，一年时间鲁南制药通过发行债券投入了 1600 多万元。1992 年 8 月 6 日，西药车间全部安装完毕，雷公藤多甙和氯唑沙宗片正式投入生产，当年便为公司带来的实际效益。

1993 年 4 月，为了开拓国家级新药心通口服液的市场，厂里抽出部分人员赴上海进行义赠活动；同年 8 月，鲁南制药又在北京召开了心通口服液、氯唑沙宗的推广应用座谈会。截至 2019 年 9 月，心通口服液累计产量 10 亿支，累计销售额 11 亿元；氯唑沙宗系列产品实现累计产量 41 亿片，累计销售额 17.7 亿元。直到今天，心通口服液和复方氯唑沙宗片 / 分散片仍是鲁南制药的明星产品之一。

1994 年，赵志全又带领团队推出了至今仍然十分畅销的冠心病特效药鲁南欣康，其售价只有进口药的四分之一。截至 2019 年 9 月，鲁南欣康累计产量 153 亿片（支、瓶），累计产值 155.53 亿元。用鲁南人自己的话说："8 毫米直径的欣康片剂总共卖了 150 亿片，加起来可绕地球 3 圈！"

赵志全对医药产业的前景具有敏锐的嗅觉。1995 年开始，国家实施经济宏观调控，银根紧缩，许多企业面临着前所未有的资金困境，甚至濒临破产，鲁南制药就是其中之一。当时赵志全辗转全国考察项目，注意到一家科研单位正在研发一款专利新药，对方要价 500 万元，在当时这个价格是非常高的。但赵志全力排众议，不惜欠薪半年也要买下专利迅速投产。这种叫米力农①的新药主要治疗心衰，它的投产对拯救企业危局起到了重要作用，在迅速占领市场的同时也成功引领集团正式完成了从单一中药生产领域向附加值更高的西药生产领域的转型。截至 2019 年 9 月，米力农的累计销售额达到 39 亿元。

经过 10 年的发展，西药产值有了显著提升。1992 年的中药产值为 7593 万元，占比 90.45%，西药产值为 802 万元，占比 9.55%，中西药的比例大约为 9∶1。到了 2002 年，中药产值实现 29 亿元，占比 30.20%，西药产值达 66.6 亿元，占比 69.80%，中西药的比例大约为 3∶7。药品结构发生了显著的改善，彻底打破了原先以中药产品为主的格局（见图 2-1）。

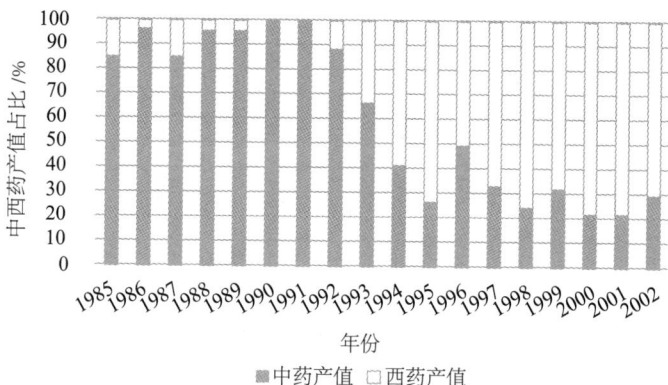

图 2-1　1985—2002 年间中西药产值对比情况②

① 米力农是一种全球广泛使用的非洋地黄非儿茶酚胺类正性肌力药物，鲁南制药引入后药品名注册为"鲁南力康"。

② 数据来自鲁南制药内部资料《数说鲁南》。

2.4 "九六决战"（1996）

鲁南制药在招募人才之后确定了激励政策，也开始进军西药市场，但这条路并非一帆风顺。国家政策环境的变化使当时销售模式背后的问题提前浮出水面，一场巨大的危机就此出现。在这里，笔者就将为读者展示鲁南制药发展历史上最波澜壮阔的英雄时刻——"九六决战"。

⊙ "九六决战"的大背景

银根紧缩的外部大环境

正如著名财经作家吴晓波在《激荡三十年——中国企业1978—2008》中的描写："1996 年是 30 年企业史上最激情四射的年份之一，每一个行业都充满了商机，所有的人都变得迫不及待，扩张、再扩张，企业家们还远远没有学会控制自己的欲望。"[1] 当然，1996 年国有企业"抓大放小"的商机，对于规模不大的企业来说却是一个不折不扣的生死劫。早在 1995 年初，为了抑制通货膨胀，中央银行采取了一系列诸如减少现金投放量、实行储蓄保值制度、压缩贷款规模和放大回款力度等强力货币措施。在银根紧缩的背景下，企业遭遇了前所未有的困境，许多企业都面临着巨大的资金压力，资金链的断裂成为众多企业接连破产的直接原因。1996 年，形势更加严峻，企业破产数量达到 6232 家，比 1995 年

① 吴晓波. 激荡三十年: 中国企业1978—2008[M]. 北京: 中信出版社. 2008: 74-75.

增加了 1.6 倍①，是自 1986 年《中华人民共和国企业破产法（试行）》颁布以来的最高数值，甚至超过了过去 9 年的总和（1986—1990年，全国破产的国有企业只有 121 家），预算内国有企业的净销售利润率降低到历史最低点。在这样的形势下，鲁南制药的内部困境也在各个方面显露出来。

资金短缺使得鲁南制药向市政府打了破产报告

自药厂被承包以来，在赵志全的带领下，鲁南制药走上了持续增长的道路。根据 1990 年 9 月 13 日赵志全在全区经济体制改革工作会议上的讲话《承包制带来了鲁南制药的春天》，1987 年承包经营之后直到 1990 年期间，药厂用于更新设备，投资 120 万元，用于厂内生产性基建，投资 150 万元，兴建了建筑面积 1365平方米的综合制剂生产楼一幢和建筑面积 2840 平方米的大型综合仓库楼一幢，计划投资 300 万元用于银黄口服液技术改造项目。1991 年和山东省医工所签订 8 万元氯唑沙宗的生产工艺转让协议之后，就立即着手以每亩 2 万元的价格征地 30 多亩用于规划建设，1992 年通过发行债券投入 1600 多万元建设西厂区，随后几年又陆续投产了氯唑沙宗、心通、欣康等产品，而后又花巨资研

---

① 1996 年全国破产企业 6000 多家[J]. 山东电大学报,1998(2): 11.

究开发了鲁南力康(米力农 ①) 等产品。为了满足发展的资金需要,鲁南制药负债累累,一直是借新还旧进行周转。当国家银根紧缩不再贷款,资金链立刻出现了问题。

1995 年底,持续投资扩产的鲁南制药盈利只有 11 万元,银行存款 23 万元,总资产 24883 万元,借款 11258 万元,负债 12568 万元,已经大半年都发不出工资了。而且由于国家银根紧缩,不仅银行无法继续提供贷款,而且欠款也是加紧催还。当时临沂市农行要求先还款再续贷,让鲁南制药把贷的 4000 万元先还上。为了续贷赵志全不得不紧急凑钱还了款项,但很快农行便拒绝了鲁南制药再次借贷的申请。此时鲁南制药资金链完全断裂,走到了山穷水尽的地步。

鲁南制药到了危急存亡时刻,赵志全也面临着承包以来第二个最艰难的时刻。内外交困使鲁南制药走到了绝境,赵志全申请破产的报告连同自己的辞职报告本都已经写好,但他又心有不甘,并不想就这样低头认输。在如此绝境中,他仍想着有无万一的可能,有无再挽救一下的办法。赵志全心想,药厂的发展基础没有

---

① 米力农注射剂于1992年在美国上市,随后在英国、法国、荷兰等国上市,得到临床医生和患者的广泛好评。自1990年开始,鲁南制药组织人员对米力农进行研究开发。通过对它的合成、质量分析、制剂等药学方面的研究及对它的药效、一般药理、急性毒性、长期毒性、特殊毒性、药代动力学等医学方面的研究,1991年4月,卫生部药政局批准在北京、上海、成都等数十家大医院进行临床研究,肯定了本品用于心力衰竭病人较传统用药的优越性,特别是对于其他药物无效的患者,疗效仍然确切。1993年6月,鲁南制药向卫生部申请生产,于1994年10月正式获得新药证书及生产批准文号。参见:实施名牌战略,奉献一流药品——鲁南力康(国产米力农)由鲁南制药股份有限公司独家研制生产[J].中国药物滥用防治杂志,1996(1).

问题，只要再想想办法找到钱，缓过这口气来，药厂就还有救。最后时刻，他让副厂长把报告撤了回来，决心再试一把。

接下来，赵志全采用了多种方法千辛万苦地从外面筹集资金。当时鲁南制药上马的米力农项目成为国家重点技改项目，国家承诺给予1200万元贴息贷款，但是临沂的银行都拒绝提供贷款，鲁南制药通过各种关系最后找到青岛的一家银行，但对方只愿意给600万元。赵志全却从中看到了希望，他高兴地说："别说600万元了，200万元我也可以翻身。"为了渡过难关，赵志全想到向当年承包药厂之时的临沂地委书记、时任内蒙古自治区党委书记的刘明祖求助。赵志全于头天下午大约五六点钟带着司机从厂里出发，前往内蒙古。当时从大同到呼和浩特的路上全是运煤车辆，恰逢下雨，路上全是泥，车子十分容易陷进去，司机已经不敢继续开车了。赵志全自己上了驾驶座说："我来开，今天我就把车当坦克来开了。"连轴跑了两夜一天，中间只吃了一顿饭，终于在凌晨四五点赶到了呼和浩特。赵志全在早饭的时间见到了刘明祖书记并说明来意，最终在刘书记的推荐下向鄂尔多斯公司借款。不巧的是，鄂尔多斯的销售老总张海刚好去了北京参加展览，赵志全便马不停蹄地开车前往北京亲自找张海借款，最终借到了600万元。1996年，赵志全还跑到山东德州发行高息债券，以月息3分筹集资金。

赵志全心中明白，临时筹集来的资金对于当时的鲁南制药来说只是杯水车薪，鲁南制药想要真正渡过难关，获得进一步发展，必须打通市场业务这条经脉。

银黄口服液之后，鲁南制药又陆续推出了氯唑沙宗、心通和欣康等产品。但是鲁南制药的市场业务一直沿用银黄口服液推出时的办法，采取电视台投放广告和举办推广会两种方式。根据当时还是业务骨干的现工会主席李兵介绍："我们当时银黄口服液的主要推销方式就是上电视台做广告，然后上医药公司开推广会，基本上开完推广会，货就订完了。"粗放的推广方式所导致的直接后果就是货品的积压。而在当时，国外的药企早已采取设置医药代表的方式来深入医院进行推销。

赵志全觉察出原先这种粗放销售模式业已过时，于是迅速采取措施调整了业务销售工作的思路和方法。赵志全一再向业务员们强调，当年粗放的推广模式已经不适应市场的需要了，全体业务员们必须转变思路和方法，深入基层一线，在医疗单位上下更多的功夫。同时，赵志全认为，应重点关注中型的医疗单位，因为这些单位不仅工作容易做、政策容易兑现，又有较大的覆盖面，两三家医院的销量就能赶上一家大医院的销量，此外药店也是一个重要窗口。早在1992年的上海会议中，赵志全就明确提出把工作重心转移到中小城市的思想，鼓励业务员把思路打开，把工作做踏实，想尽一切办法挖掘一切可能渠道。但是，大多数业务员的思想转换不过来，推广工作进展缓慢，前期市场工作开展得不尽如人意。

此外，货款结算也存在问题，直接影响到了公司的资金运转。

1994 年，鲁南制药的应收货款达 8000 多万元，一些借款是高息的，拆借资金一般年息在 25% 左右。正如他在 1995 年 11 月决战前的谈话中提到的："由于资金的普遍紧张和其他各种原因，应收账款居高不下（实际现在还超过 1 亿元）。从主观上讲，我们的销售工作没有做好，还远远不能完成 1995 年的经营计划。这主要是相当一部分业务员没有按照公司要求巩固和开发好市场，这个重大责任不能推卸，我们应该自责。"①

◉ 破釜沉舟，背水一战

1995 年 9 月 6 日，赵志全宣布业务工作进入非常时期，一场业务大战的序幕就此拉开。面对困境，赵志全毫不畏惧，在全体员工面前斩钉截铁地立下了"军令状"："我每月只领 200 元生活费，1996 年底前扭转不了局面，自动辞职下岗。"赵总的这句话正式吹响了"九六决战"的号角。自 1996 年 1 月到 1997 年 3 月这一年多的时间里，原本工资 2000 多元的赵志全每个月只拿 200 元生活费。1996 年春节刚过，他就亲自带着厂里的业务将士们奔向全国市场，奋战在各个城市的业务第一线。每到一处，赵志全首先请专家座谈以了解药品市场的相关信息，然后与业务员一起开会，帮助大家详细分析产品特点与市场情况，并提出自己的设想来解决问题。这种"战斗会议"经常持续到凌晨三四点钟。据李兵回忆："赵总分析得特别细，当时赵总带了两张表：一张是以产品为

---

① 赵志全.赵志全文集[Z].临沂:鲁南制药，2016: 154.

序列的，上面详细记载了业务员负责的每种产品的销售情况以及销售渠道，比如销往哪些医院、哪些科室、销售了多少；一张是以医院科室为序列的，记载了业务关系对接到了哪些医院的科室医生。他会逐条分析，帮你想办法来提高和完善。经过他这么一分析，业务员们就有了信心，觉着这样干确实可以提高业绩，任务完全可以完成。"

为了方便赶路，他总是随身带着一大包煎饼和大葱，饿了就在车上啃几口。车子由两个司机轮流驾驶，累了就在公路边歇息一会。最紧张的那段时间，他9天内竟然跑了东北三省的18个城市。1996年4月7—8日，第一季度业务总结分析会议在郑州友谊宾馆召开，随后赵志全陆续利用周末时间在河南各城市巡视市场。1996年7月6—8日在南京秦淮饭店召开了第二季度业务工作会议，会后赵志全随即拉开了对全国市场日夜兼程拉练般的巡视。课题组沿着赵志全此后的路线进行过统计（详见表2-1），赵志全在3个多月内，行程达数万公里，对上海、广州、沈阳、武汉等8个地区办事处的60个城市进行了巡视，共召开了21场会议，这些努力最终为"九六决战"的胜利奠定了基础。

表2-1 "九六决战"巡视全国市场概要表

第一轮巡视

时间	主要巡视城市路线
7月6-20日	南京—常州—无锡—苏州—上海—杭州—宁波—杭州
7月28日-8月13日	天津—北京—唐山—保定—石家庄—邯郸—邢台—石家庄—太原—大同—呼和浩特—包头—集宁—北京—德州

续表

第一轮巡视

时间	主要巡视城市路线
8月14-19日	濮阳—安阳—新乡—焦作—洛阳—郑州—许昌—平顶山—南阳
8月19-22日	襄樊—宜昌—沙市（现荆州）—武汉
时间	**主要巡视城市路线**
8月23-25日	衡阳—株洲—长沙
8月26-31日	南昌—安庆—铜陵—肥东—蚌埠—芜湖—淮南—合肥
9月4-13日	烟台—大连—丹东—营口—盘锦—抚顺—沈阳—长春—吉林—齐齐哈尔—大庆—哈尔滨
9月14-22日	福州—广州—成都—西安—乌鲁木齐—北京

第二轮巡视

时间	主要巡视城市路线
10月1日-11月8日	北京—石家庄—太原—晋城—郑州—武汉—长沙—合肥—上海—杭州—南京—沈阳—长春—哈尔滨—福州—广州—南宁—重庆—西安—北京—天津—太原—上饶—临沂
11月9日-12月5日	北京[1]—太原—郑州—武汉—长沙—萍乡—建德—福州—广州[2]—杭州—上海—南京—长沙—合肥—临沂—桂林

1. 11月10日在北京召开了北片区第三季度会议。

2. 11月17日在广州召开南片区第三季度会议，在此之前赵志全完成了对全国的市场巡视。

1996年11月下旬，赵志全又一次来到市场一线，先在南京开会至凌晨3点，随后冒雨连夜赶到合肥，数月积累的劳累终于击倒了他，赵志全摔倒在酒店楼梯上并出现了休克。醒来后，他还强撑着开完了"作战会议"，对于自己的身体，他只是对身边的工作人员说："没事，一点儿小伤，吃片儿咱们自己生产的贝特就好啦！"然而第二天早上，他甚至无法下床。经医生检查，赵志全被诊断为腿部严重骨折，必须立即住院治疗。但他却坚持只做简单处理，打上石膏之后挂着双拐就又回到工作岗位上。返回公司的时候，员工们看到赵总被人用担架抬下车，都非常心疼，赵志全反而微笑着安慰大家："没事，没事，不小心摔了一下。"此后，他坚持挂着双拐上班，挂着吊瓶批改文件，依旧照常召开和主持会议。

随着12月的到来，"九六决战"也进行到了关键时刻，赵志全拖着伤腿让人背上了飞机，到广州召开动员会议。为了避免大家看到他的伤腿而影响奋战情绪，他提前到会场，把伤腿用桌布盖住；打了石膏的腿不能弯曲，他就在面前放一把椅子，把腿搭在上面，这种会议经常一开就是四五个小时。后来，为了能尽快赶往下一个城市，他决定拆掉沉重的石膏。医生检查后摇摇头说："现在拆掉，你的腿就有可能废了。"赵志全却说："不就是骨折嘛，没那么严重。"他一再坚持，医生没办法，只能一点点敲掉了石膏。第二天，他的小腿就肿得像碗口一样粗。于是那几天他反倒哪儿都去不了了，只好待在宾馆，边治疗边打电话来指挥工作。

赵志全的妻子龙广霞女士每每忆及此事，便不住落泪："我当时接到电话赶到了广州，站在门口看着他，眼泪不争气地往外流，我说志全你不要命了吗？"但正是凭着这种拼命的精神，所有鲁南人破釜沉舟，背水一战，"九六决战"取得了决定性的胜利，当年实现销售收入1.5亿元，利税5132万元，是1995年的6倍，这就是赵志全先后3次到全国100多个大中城市指挥工作的最终成果。"九六决战"也成为许多人共同见证的一次重要事件。据当时的业务代表袁清通回忆："有一次赵总在武汉给我们开会，从晚上10点一直到凌晨5点，然后我们给他在酒店订了个房间，结果他根本没在房间里，坐了10分钟都不到。"当时的司机朱国庆说："这辆车（桑塔纳）是老板的座驾，从1991年开到2004年，一共13年，跑了60多万公里。特别是1996年，老板天南海北地巡视，就坐着这辆车，在东三省甚至一天跑两个城市。"直到现在，龙广霞女士还保存着这辆桑塔纳。2020年冬天的第一场雪后，龙广霞女士还通过微信朋友圈秀出了这辆富有传奇色彩的桑塔纳。

⊙ "九六决战"的重要意义

"九六决战"最重要的3个成果就是：打造了一支强悍的业务精英队伍，确立了赵志全的绝对领导地位以及培育了鲁南制药上下"不怕困难、挑战困难、战胜困难"的企业精神。本书从这3个方面入手，谈谈其背后的意义。

打造业务精英队伍

当年外资药企不仅具有产品优势，获得了国家政策的倾斜，还在医药市场采用较为成熟的"学术推广＋医药代表＋专家网络"的营销模式，因此迅速占领了中国市场。"九六决战"的最主要目的就是解决市场业务问题，彻底打通业务这条经脉，这不仅关系到1996年的销售指标是否能够完成，更关系到鲁南制药未来能否持续健康发展。赵志全对市场有着清晰准确的认知和判断，他当时就主张市场业务应该不断扩大覆盖面，工作重心要从大城市转到中小城市，不仅关注商业单位，也关注医疗单位等，这些想法与思路在之后的发展过程中都被证明是完全正确的。赵志全亲临一线，手把手地教，认真严格地抓执行、抓落实，才逐步打开了市场局面。在"九六决战"的过程中，赵志全的市场业务思想逐渐被大家所认识和理解，并被认真付诸实践，最终决战取得了胜利。"九六决战"培养了一支强悍的业务精英队伍，这支队伍在磨炼中较为深刻地掌握了赵志全的市场业务思维方式。这些在"九六决战"脱颖而出的业务将士们后来自然而然地成了前辈、师傅，带着一批批新业务员继续在市场上攻城略地，将赵志全的市场业务思想一代一代地传承发扬下去。虽然后来这些浴血奋战过的前辈们退居二线，但他们深谙鲁南文化精神的精髓，仍身体力行地影响着一批批新鲁南人。

确立绝对领导地位

根据韦伯的政治权威理论，并结合中国的实践环境，企业家权威可以分为绩效型（谁有绩效谁获得合法性）、魅力型（人格魅力和品质的感召认同）和制度型（建立在法律和规则基础上）3种。赵志全从1987年承包经营之时开始，历经艰辛将一家濒临倒闭的药厂一步步地发展壮大，他以强有力的事实赢得了鲁南人发自内心的支持和服从，他也同时拥有了前两种权威。但是在当时，从某种程度上说，鲁南制药不负责生产销售和企业运营的党委书记比赵志全这个厂长的领导地位要更高一些。那么，一旦作为厂长的赵志全和党委书记意见出现分歧，经营组织成员便被迫"站队"，导致执行出现问题，企业发生内耗。从企业决策的诸多历史事件来看，赵志全与党委书记在经营企业方面意见的分歧和摩擦确实影响了鲁南制药的改革发展进程。当然，这并非时任党委书记的错误，作为一个具有超前战略眼光的企业家，其思维往往突破原有的条框束缚，其决策也往往是常人难以理解的。正如著名的经济学家张维迎所说："那些杰出的企业家做出的最重要的决策，最初常常是多数人不认同的，甚至被认为是荒谬的。企业家的决策不是科学决策，科学决策是基于数据和计算，企业家决策是基于直觉、想象力和判断力。企业家的决策不是在给定约束条件下求解，而是改变约束条件本身。"[1] "九六决战"之后，赵志全兼任党委书记，真正确立了绝对的领导地位，这是对企业家的一种解绑，从而让企业家的才能得到充分发挥。这对鲁南制药的发展同样意义重大，赵志全针对鲁南制药后续的一系列深化改革以及投资新时代药业的大手笔在当时许多人根本无法理解，但到今天都被证明是无比正确的。如果没有绝对领导地位及绝对权威的支撑，鲁南制药是否有今天的格局就要打个问号了。

"不怕困难、挑战困难、战胜困难"的企业精神

组织文化是全体员工在长期工作过程中所培育形成并共同遵守的最高目标、价值观念、基本信念和行为规范。只有当绝大多数员工都认同、遵守并且内化于自身的思想行动，文化才能发挥

---

[1] 张维迎.企业家精神不是什么？[J].管理视野，2020(2).

应有的作用。"不怕困难、挑战困难、战胜困难"的企业精神早在赵志全承包经营之时便在鲁南制药萌芽发展起来，而经过了"九六决战"的磨炼，"不怕困难、挑战困难、战胜困难"的企业精神发展得愈加成熟，愈加深入人心。这种精神最终真正内化于每个鲁南人的思想行动中，不管是在动荡时期，还是在平稳发展时期，他们都能各自坚守，勇敢拼搏。同时，"九六决战"过程中产生的英雄事迹和英雄人物作为活生生的样板和标杆，以生动具体的形象体现出了企业文化的精髓，对企业文化的成型与强化起着重要的作用。

1996 年对于中国民营企业来说是冰火两重天，随着国家银根收紧，广大中小企业步履维艰，但是大型企业却利用这波抓大放小的机会，兼并重组其他企业获得超常规发展。笔者认为，1996年绝地逢生的经历对于赵志全来说是一剂关于经营理念和未来战略的清醒剂和振奋剂，他比过去更加清晰地看到只有强者才能恒强，企业规模和产品线厚度具有决定性作用的产业发展规律。

第三章
高瞻远瞩布局"新时代"
（1997—2001）

　　走新兴工业化道路，培养一流员工队伍是根本。市场的竞争归根结底是人才的竞争。有了一流的员工队伍才能造就一流的企业。这一点，我的体会非常深刻，再好的方针战略也要靠人去落实。人的综合素质上不去，企业就很难发展。

——赵志全

兄弟抱一下，为岁月的牵挂

为那心中曾翻滚的，汹涌的浪花

为哥们并肩走过的，青春的年华

——五首歌之三《兄弟抱一下》

3.1　科技为先，驶入快车道

"九六决战"之后，企业进入了快速发展的时期。赵志全以科技为先导，重视产品科研创新，加大科研投入，建设人才队伍，为鲁南制药迈向更光明的未来奠定了坚实的基础。

◎ 研发投入保障和产品专利保护：双管齐下谋创新

医药行业的研发投入回报具有极高的不确定性，然而在鲁南制药，科研领域一直是一个"特区"，科研经费从来不设上限，需要多少给多少。科研部负责人刘忠回忆说："无论何时，只要是科研部提出的要求，总能最快得到赵总的批示。即使在企业困难时期，当科研部申请 1000 万元用于购买最新的生物制药设备时，赵总也是全力支持的。"科研部副部长郝贵周回忆："有一次在路上偶遇赵总，他就问科研有什么困难，我说缺一些设备。赵总第二天就要我提供设备清单，还一再询问能否加快采购进度。"2001 年以来，鲁南制药平均每年的科研经费投入占销售收入的 7% 以上，最高的年份高达 18%，最多的时候一年投了 9 亿多元，许多产品正是在如此大的投入后才得以诞生。

1998 年，赵志全要求加快速度研制胃动力药莫沙必利。"我们提前完成临床反馈，新药在国内外同时上市，这时美国发布了对同类药西沙必利的警示，我们的药迅速占据了市场。"时任公司技术开发科项目负责人张卫国回忆说。

2001 年，赵志全决定引进国外能够提高抗生素疗效的克拉维酸钾生产技术，并在其基础上自主研发提高生产效率。当时的负责人担心公司没有相关的生产经验，缺乏这方面的人才，况且引进设备建设实验室投资巨大，市场潜力不确定。赵总看出了他的顾虑，笑着对他说："等市场有了、人才有了再建设，不就晚了吗？没有市场，我们就建好实验室找市场；没有人才，我们就建起实验室来吸引人才！"果然，技术引进之后，大批人才投入了生产一线，公司还在原有基础上进行了技术创新，解决了工业化生产中的多项关键技术难题，生产工艺达到国际先进水平，克拉维酸钾的发酵效价和提取收率被大大提高，生产成本大幅降低。在项目研究过程中，鲁南制药申报发明专利 5 项，获国家发明专利 3 项，并先后列入科技部技术创新基金项目、国家火炬计划项目和国家重点新产品，"克拉维酸钾及复方制剂的研制与产业化"项目于 2005 年荣获国家科技进步二等奖。鲁南制药建成的克拉维酸钾生产线完全取代进口且已进入国际市场,截至 2007 年,其系列复方制剂品牌"君尔清"的市场份额占国内同类产品首位(29.61%[①]),取得了显著的经济效益和良好的社会效益。

与此同时,医药企业要想在市场上站住脚,必须有核心的技术及知识产权。20 年的专利保护期才有可能在高研发投入的情况下为企业建立一定的市场竞争优势,特别是中国加入了 WTO 后,国内国际医药市场竞争加剧,没有专利的产品就没有独立生产、销售的安全保证,还可能被他人合法效仿。赵志全的品牌意识和知识产权保护意识非常强,很早便开始重视商标、专利以及资格认证,从 20 世纪 90 年代就开始上报和咨询国家部委并迅速办理相关事宜,并专门成立了法律专利事务部。赵志全认为:"通过认证,产品在定价上就有优势,在产品推广上就有优势,在国家招标的时候就有优势。"鲁南制药的每个产品都有一个商标名,然后进行注册,比如"鲁南欣康""力康"等,具体情况如表 3-1 所示。鲁南制药 1987 年至 2002 年生产的主要新产品均获得了不同的荣誉奖项,具体情况如表 3-2 所示。

---

① 中国克拉维酸钾制剂市场调查报告(2007 版) [EB/OL].(2007-05)[2022-02-22] 健康网,www.healthoo.com.

表 3-1　商标名注册明细（1980—2002）

商标名称	注册时间	商标名称	注册时间
泰山	1980 年	力创	2001 年
郯南	1983 年	舒尔佳	2001 年
枕流亭	1991 年	吉松	2001 年
鲁南	1994 年	快力	2001 年
欣康	1996 年	宁芬	2001 年
鲁南力康	1997 年	恒先	2001 年
鲁南贝特	1997 年	舒尔止	2001 年
鲁南恒康	1997 年	尼尔平	2001 年
宁通	1997 年	正旨平	2001 年
奥美	2000 年	初洁	2001 年
君迪	2000 年	因力达	2001 年
君洁	2000 年	吉舒	2001 年
维平	2001 年	欣宁	2001 年
平奇	2001 年	顺益舒	2001 年
益君宁	2001 年	伟特	2001 年
君尔清	2000 年	瑞旨	2002 年
尼松	2001 年	佳力	2002 年
贝分	2001 年	同平	2002 年
益灵舒	2001 年	培舒	2002 年
益平	2001 年	合舒	2002 年
平欣	2001 年	洁宁	2002 年
协一力	2001 年	复欣	2002 年

表 3-2　主要产品及所获荣誉列表（1987—2002）

产品名称	时间	所获荣誉
银黄口服液	1990 年 1 月	山东省医药总公司研究成果一等奖
小儿清热解毒口服液	1992 年 12 月	山东省优秀新产品二等奖
雷公藤多甙片	1993 年 11 月	山东省优秀新产品二等奖
氯唑沙宗	1994 年 12 月	山东省科学技术进步奖二等奖

产品名称	时间	所获荣誉
心通口服液	1994 年 12 月	山东省科学技术进步奖一等奖
	2000 年 12 月	临沂市科学技术进步一等奖
单硝酸异山梨酯（欣康）	1996 年 12 月	山东省科学技术进步奖二等奖
银黄含化片	1997 年 12 月	山东省科学技术进步奖二等奖
米力农注射液（力康）	1999 年 10 月	山东省科学技术进步奖一等奖
奥美拉唑肠溶片	2003 年 5 月	临沂市科学技术进步三等奖
枸橼酸莫沙必利（快力）	2004 年 1 月	国家科技进步二等奖

注：奥美拉唑肠溶片是 2000 年开始生产的产品，枸橼酸莫沙必利（快力）是 2000 年开始生产的产品。

截至 2014 年，公司完成了 200 多项研究课题，78 个项目获得科学技术进步奖，其中获得国家科技进步奖二等奖 6 项，省科技进步奖和技术发明奖 20 项；申报国际、国内专利 782 项，获得授权专利 452 件，授权并维持有效专利数量居国内医药企业第二位；申请注册商标 1383 项，获得注册证 1328 个，"鲁南"商标被国家工商总局认定为中国驰名商标。鲁南制药位列中国大企业集团竞争力 500 强，成为连续 7 年荣登山东省纳税 100 强榜的国家大型综合制药集团。

● 坚持产学研共建：联合培养、强化创新

科学技术是第一生产力，自主创新是第一竞争力，赵志全领导下的鲁南制药带着校办药厂的创新本色，自始至终非常注重产学研联合开发研究，通过与科研院所的合作，不仅提高了企业的自主创新能力，为企业和社会输出大量研发人才，也逐步实现了

从联合研发向自主创新的转变。

赵志全从接过厂长重任开始，便主动与山东中医学院合作，利用沂蒙山区丰富优质的药材资源，开发出了国内首创并获得国际"金陵杯"金奖的新药银黄口服液。其一上市便受到青睐，投产后年产值达 3000 万元，利税超过 1200 万元，人心涣散的郯南制药厂借此重新焕发生机。1989 年，公司与山东省医工所先后合作研发氯唑沙宗和鲁南欣康，随后这两种产品均成为鲁南制药的业务主导产品。

鲁南制药先后同华东理工大学、华中理工大学、山东大学联合办了 3 个研究生班，选拔优秀的大学毕业生深造。鲁南制药还联合青岛化工学院办了一个专升本班，为职工文化教育水平和科研水平的提高准备条件，并于 1998 年与华东理工大学联合成立了鲁华生物技术研究所。1998 年，鲁南制药被科技部认定为"国家重点高新技术企业"，被国家经贸委、财政部、国家税务总局、海关总署认定为"国家重点企业技术中心"。2000 年，鲁南制药被国务院人力资源和社会保障部批准设立"博士后科研工作站"。2001 年 5 月，鲁南制药投资 1000 多万元，在华东理工大学校园建成了鲁华高新技术研究所科研大楼并投入使用；2002 年 4 月，鲁南制药和山东大学联合成立了"山大鲁南超临界流体技术研究所"和"山大鲁南天然药物研究院"；2002 年 8 月，鲁南制药与罗马尼亚一家公司签订技术合作项目，同年还与美国公司签订合作合同，随后与 80 余所国内知名院所建立了长期合作关系。

鲁南制药始终坚持与科研单位合作，一方面可以借助其已有的科研成果，缩短新药研发时间；另一方面也有利于培养各类人才的自主创新能力，培育自己的科研团队。赵志全也多次在自己的人大代表提案中建议，"建立以企业为主体、科研院所为支撑、市场为导向、产品为核心、产学研相结合的医药创新体系"，鲁南制药便是这句话最好的实践注解。

● 提高待遇和强化保障：多路并进抓人才

人才引进的问题前文就提到过，而一家制药企业自然永远不会满足于现有人才配置。2000 年，赵志全以 8000 元的月薪公开向全国招聘药学博士，这是他进行药物自主研发的第一步，也是最重要的一步。他认为有了专业的研发人员，就一定会有未来；在方向正确的前提下，只要播种就一定结出果实。于是当年鲁南制药引进了第一个博士，这也是临沂企业有史以来招聘的第一个博士。鲁南制药当时规定博士初始工资是 8000 元 / 月，硕士是 3000元 / 月，这在当时的沂蒙地区可谓轰动一时。当年赵志全作为公司的董事长每个月的工资也就 5000 元左右。到 2001 年，鲁南制药就有博士 3 人，硕士 65 人。之后的每年，鲁南制药都会引进博士硕士，并且逐年增加。目前公司有博士 60 多人，硕士上千人。后来，公司还给每位博士免费分配了一辆崭新的桑塔纳轿车以及 130平方米的住房，而赵志全的工资在 2002 年的时候大概只有 6000

元。赵志全的一份工资单显示，2002年9月收入6002元，扣除水电费、房租等52.72元，实发工资5949.28元。鲁南制药集团科研部负责人刘忠忍不住感叹道："老总坐普通桑塔纳的时候，我们坐着桑塔纳2000，老总住着40多平方米房子的时候，我们住着100多平方来的房子，老总工资6000元的时候，我们工资是8000元。在鲁南制药，科研人员的工资比老板的还高，就这点有多少企业领导能够做到？"

2001年，鲁南制药开始对技术岗位人员进行职称评定，同时将技术人员的职称与工资挂钩，最高工资定到5000元/月（博士、硕士拿学历工资，其他人员按内部聘用拿职称工资）。当时公司大多数副总一个月的工资只有3000多元，人事科科长一个月大概1000多元，而高级工程师则给予5000元待遇，随后几个档位分别为工程师3000元、助理工程师2000元和技术员1500元。据当时在劳动人事科工作的姜佳峰回忆："当时第一批一共有4人被评为高工，一个月工资比副总都高，所有人都感到非常震撼。"

赵志全先后投入8亿多元建设了3000多套住房，所有的员工都可以申请居住。"基本上不收钱，分房时只要交两万元押金就可以了。"鲁南制药集团工会主席李兵介绍说，"赵总一套40平方米的旧房，一住就是20多年，他先后放弃了6次分房机会，要不是房子要拆迁，他也不会搬到企业的公房。"并且他还投资了5000多万元建设了两座现代化的省级规范化幼儿园，投资了2亿元建设了临沂市最好的体育馆、游泳馆、篮球馆、网球馆、乒乓球馆、保龄球馆、职工礼堂、舞厅、电子阅览室等大量的文体场所和设施。赵总对员工太贴心了，正如科研部负责人刘忠所说："在鲁南制药，你不用费太多心思考虑工作之外的事情，因为赵总都替你想好了，衣食住行也都给你办妥了。"赵志全说："来咱企业的大学生，大都是从农村出来的孩子，家境都不富裕。就眼下的房价，一个刚毕业的大学生，买一套房子不吃不喝也得 20 年啊，这么大的生存压力，你让他们怎么能安心工作？建设文体设施，是让年轻人闲暇时间少上网，多参加文体活动，没有好身体，什么都干不了。没有舞台扎不下的根，没有歌声留不住的心。"在弥留之际，他仍然惦记着给公司的员工们提高工资，批示了企业的分配制度改革方案。

赵志全还很重视企业的人文关怀。自 1999 年至 2014 年，鲁南制药先后举办了 14 届集体婚礼，不仅为新人提供免费住房，发放安家费，还为新人安排蜜月旅行。每年 8 月，鲁南制药每一个员工都能够享受一个月的带薪休假，还有 1200 元的旅游资金。

1988 年 4 月 29 日，药厂首届运动会在临沂农校举行，自此每年都会举办职工运动会。除此之外，元宵灯会、厂庆文艺晚会、职工歌咏比赛、职工技能比武等文体活动也都成为药厂特色活动。

工会主席李兵说："看到一位员工因为家庭困难，在餐厅只吃馒头和咸菜，他当即给每个员工每月发放 300 元餐补。看起来这点点滴滴到每个人身上是不多，但是整个企业加起来数额就非常巨大了。"服务人员崔久霞说："赵总心比较细，比如晾衣服，因为我个子比较矮，他看我晾被子什么的，踩着凳子很危险，就给安了一个晾衣架。我自己都没有想到，也没有要求，赵总就能想到，让我特别感动。"赵志全在收购沂蒙中药厂后，把包括魏艳在内的121名下岗职工又招了回来，为16名到年龄的老职工办理了退休，并承担了450万元的资产负债。有人觉得："人家甩都甩不掉的包袱，你却捡了起来。"赵志全却说："这关系到100多个家庭的生计和幸福。"

与对员工福利无微不至的关心相对应的，是赵志全对自身物质生活极其简朴的要求。赵志全简陋的休息室，是由宾馆改装而成的，家具不多，装修简单：水泥地板、老电视、老式双人床、破旧的沙发，茶几下面则摆满了各种药品。据服务中心负责人张云修回忆："这么多年，那个床坏了好几次了，每次都是我们修修补补。有一次我跟赵总建议换个床，因为赵总个子比较高，有时候脚还露在外面，赵总说先修修，能用就行。"

赵志全为数不多在公司工作的亲属中，没有一位在公司担任中层以上职务。梁亚辉是赵志全的亲表弟，在鲁南制药集团厚普公司提取车间工作，1997年大学毕业后，在车间一干就是18年。当时计算机专业毕业的他还属于稀缺人才，连续4次参加物料、财务、审计等部门的考试都通过了，但一直没有过赵志全面试那一关。梁亚辉说："咱也能干，机会有的是，厂子里这么多人、这么多岗位，给换个新岗位往上提提，锻炼锻炼不都可以吗？他办这个事不是一句话的事情吗？他也不开这个口，也没谈。我以前心里有想法，觉得不大服气。后来再一看，他为这个企业操劳一生，也不容易。"正如赵志全在庆祝承包经营 10 周年大会上讲话所言："鲁南制药是大家的。"他从来不曾让鲁南制药因为自己的原因而利益受损。

赵志全从承包经营以来始终贯穿一致的经营管理理念与方法都围绕着人、市场和产品展开。赵志全在庆祝承包经营 12 周年座谈会上所做的题为"以改革为动力，以市场为中心，以科技为先导，实现鲁南制药跨世纪宏图伟业"的讲话，便是生动形象的总结[①]。

3.2　跨世纪的宏图伟业

10 年承包，10 年改革，正是过去披荆斩棘而成就辉煌的 10 年见证了鲁南制药的发展之路，也给了赵志全和全体员工对未来的坚定信念与期许。"九六决战"胜利之后的鲁南制药起死回生，业务步入正轨，市场渠道稳固，产品研发也取得新的突破，大家眼中的"好日子"才刚刚开始。然而，赵志全却从行业快速发展的浪潮中敏锐地嗅到了企业发展的危与机，一幅鲁南制药跨世纪的宏伟蓝图在他脑海中日渐清晰。

◉ 未来发展的整体思考

赵志全自始至终都强调，企业经营的宗旨应该是造福社会，

---

① 赵志全在庆祝承包经营12周年座谈会上的讲话，1999 年 10 月 25 日。

为员工创造美好生活，显然这必须依赖于企业的发展壮大和繁荣富强。全心全意把企业做大、做强，干事创业，是他自己和每一位鲁南人共同奋斗的目标。

了解赵志全、跟着赵志全一直干的兄弟们都知道，他从来都不是个甘于平庸的人。"九六决战"一方面确立了赵志全在鲁南制药的绝对领导权威；另一方面也让所有人看到，鲁南制药的发展道路是正确的。改革激发出的鲁南人奋斗拼搏的精神既是过去 10 年凝结的成果，也是鲁南制药走向更美好未来的动力源泉。1999 年，赵志全在庆祝承包经营 12 周年座谈会上宣布，鲁南制药不仅要以全国（同行业）第一为目标，更要立志全球，真正走向世界。这是相当艰巨的任务，需要每一个人，一年一年，一代一代，沿着探索出的正确路线向共同的宏伟目标不懈奋斗。赵志全满怀激情地说："鲁南制药全面发展的序幕已经拉开，一个新的时代即将到来，我们又站在新的起点。让我们迈开步伐，向新世纪前进，向着我们的目标前进。"赵志全总结过往经验，逐渐形成了"以改革为动力，以市场为中心，以科技为先导"的现代企业经营指导思想，为鲁南制药迈向新时代制定了明确的战略方针。

改革是发展的根本动力。1994 年的分配制度改革虽然极大激发了团队的活力，但在岗位流动上仍然存在能上不能下、能进不能出、论资排辈的传统观念，工资分配的平均主义仍然存在。因此，赵志全认为人事和分配制度改革仍是往后一段时期改革的中心，应建立按照德才兼备的原则选拔、使用人才的人事制度，进一步引入竞争机制，形成平等竞争的用人局面，同时坚持按劳分配的原则，在保证职工收入不断提高的同时，对重点的管理、技术岗位逐步建立起与其责、权、利相适应的激励和约束机制。

坚持以市场为中心，优化业务队伍建设。"九六决战"时，鲁南制药的业务团队迸发出极强的战斗力，但仅仅一两年之后便存在一些"养尊处优、麻木不仁"[①]的现象。赵志全当即痛心地指出，企业经营的最高目标就是培养造就各类人才，鲁南制药始终坚持把培养一支适应市场经济和公司发展需要、充满生机活力的业务队伍作为经营工作的最高目标。全体干部、员工都要毫不动摇地全面理解、支持、贯彻公司经营战略和各项方针政策，只有把业务队伍建成一流的、具有强大战斗力的队伍，成为公司的先锋队、火车头，才能带动公司各项事业的持续发展。

加大产品开发、技术改造、技术革新的力度，促进产品结构调整和生产技术水平的不断提高。鲁南制药的宏图伟业需要建立在不断创新产品、提升技术生产水平的坚实基础之上，科技队伍不仅要有量的扩大，更要注重质的提高。因此，未来一个阶段必须加大科研团队的建设，逐步实现从消化吸收到具备自主创新能力的过渡，力争科技力量和科技水平在国内同行业中达到先进水平。

与此同时，鲁南制药实现宏图伟业的过程中也少不了推行现

---

① 赵志全. 赵志全文集[Z]. 临沂: 鲁南制药, 2016: 179.

代化管理方式，不断提高员工的物质文化生活水平和企业凝聚力，积极探索吸收、培养、选拔、使用各种人才的途径和机制，这些都是鲁南制药当时发展的迫切需要，也是一项长期战略任务，更是各项事业得以健康发展的根本保证。

● 世纪交替时的危与机

20 世纪 90 年代末期，不仅鲁南制药面临新的发展节点，中国医药行业日新月异的发展也对鲁南制药选择未来之路产生了巨大的影响。

首先，1997 年时鲁南制药的生产能力已远远落后于市场业务的发展。那时的鲁南制药只有占地 26 亩的东厂区，和为拓展西药产品筹建的占地 30 多亩的西药厂区，加在一起 60 亩地。根据赵志全自己的回忆，当时的东厂区办公楼三楼改成了单身职工宿舍，东部的平房住着 30 多户职工及家属，另外两排破旧的平房改造成为片剂车间，原来的老提取车间设备全是由郯城迁来的。相对鲁南制药 1997 年斐然的业绩，原先陈旧小厂的产能已经远远跟不上市场需求了。

其次，随着中国医药行业的快速发展，药品监管政策逐渐接轨国际。当时国家对药厂GMP① 改造已经开始，但还没有大规模

①　"GMP"是英文Good Manufacturing Practice 的缩写，中文的意思是"良好作业规范"，或是"优良制造标准"，是一种特别注重在生产过程中实施对产品质量与卫生安全的自主性管理制度。它是一套适用于制药、食品等行业的强制性标准。

铺开，已有一些投资商开始接触鲁南制药。赵志全凭借自己敏锐的商业洞察力和对医药行业发展的研究判断，认为中国药品企业GMP改造势在必行：谁做得早，谁就抢占了先机；谁做得好，谁就能获得更多的市场和更好的口碑。1997年下半年，赵总给一直跟随自己、时任基建科科长的张琦分配了一个任务，即按照新标准和要求在公司场地内设计一个车间。张琦多次论证和考量，发现公司面积太小，长度宽度都不太合适，只能在西药厂建立三个GMP生产车间，但本部一直没法完成规划任务。张琦将这个情况汇报之后，赵总立刻让公司几位领导出去寻找场地，按照由近及远的原则逐个详细考察。

最后，医药行业市场竞争不断加剧，倒逼企业加深自身发展的产品护城河。外资药企的进入，对中国市场的影响巨大，不仅促进了国内仿制药、创新药和生物制药等药品种类的多元化发展，更撬动了更多的民营资本投资入局，行业竞争越发激烈。赵志全虽然本科读的是化工专业，但他是一个具备独到市场眼光和敏锐性的企业家。他在阅读了大量医药行业前瞻性的杂志和书籍，与外部知名专家、院长、医生经常接触交流后敏锐地发现，未来医药企业的核心竞争力一定是生物制药，于是他提出了未来的公司产品战略：保持化学制药优势，大力发展中药，做大做强生物制药。这种产品战略在当时国内的医药行业是非常领先的，也和国际医药巨头辉瑞、默沙东、葛兰素史克的战略一致。

在来自产能、监管和行业竞争的一系列困难挑战的倒逼之下，选址新建、扩大产能、增加生产品种成为鲁南制药持续快速发展的必经之路。

3.3 日新月异迈向"新时代"

从 1999 年收购山东沂蒙中药厂开始布局，到 2003 年 12 月 23 日将新建子公司更名为山东新时代药业，这一时期正式确立了以鲁南制药为核心、以旗下新时代药业、厚普、贝特三大子公司为重要支柱的鲁南制药集团发展结构（集团架构见下文）。"新时代药业"这个名字是赵志全起的，寓意鲁南制药从建立"新时代药业"开始，正式进入一个崭新的时代、一个跨越式发展的时代。赵志全和鲁南制药的成功，离不开建设"新时代药业"这个跨时代、跨世纪的重大决策。这是让这个沂蒙山区改制企业迈向新时代制药企业的重要一步，也是让其从改革开放后上千家地方药企中脱颖而出、甩开同行的重大战略举措。这一步更为鲁南制药争创现代化一流药企，实现"百亿"目标、追逐"千亿"目标，实现全体鲁南人的宏图伟业奠定了坚实的发展基础。

❂ 选址费县，回馈家乡

在选择厂址的时候，赵志全先询问了企业所在区，得知企业所在区的规划已经完成，没有工业用地的配额，后又在开发区看中了一块四五百亩的地，位置大小和配套都挺好。但这块地属于当时高新区的一家企业，该企业不愿转让，只想作为资金入股鲁南制药。赵志全认为这家企业以资金入股会影响公司长远发展，只好作罢。其后的选址就开始远离临沂市区，时任新时代药业筹备组副组长的俞仁昌一行人也考察了周边的几个县镇。沂河另一边镇上有块四五百亩的土地，价格不高，但这块地包含了一个村庄，受制于村庄拆迁的问题，也只能放弃。其他几个也都受制于地形和种植农作物等原因未能入选，药厂就一直没有找到合适的场地。

恰逢赵志全的一位大学老同学王法义任职费县计划经济委员会主任，主要负责招商引资等工作。据王法义介绍，上学时虽然两人并不是同年级，但关系却非常好。当初赵志全在竞聘承包郯南制药厂时也曾向王法义这位师兄请教过。当了解到赵志全有向外搬迁发展的想法时，王法义第一时间联系了赵志全，并向县里领导做了汇报。在这位老大哥的引荐下，赵志全萌生搬迁想法的第二年（即1998年）就和费县县政府达成了意向投资协议，最终选定了现在新时代药业这块风水宝地。笔者认为赵志全把实现鲁南制药宏图伟业的奠基之处放在自己的家乡费县，有四个方面的考虑。

首先是政治视角。费县经济落后，改革开放之初，费县人民的脱贫、发展愿望强烈，各地领导主要的政治任务就是招商引资。赵志全是一个有着高度政治悟性和抱负的领导人，在2000年左右就提出了如此大的发展和建设规划，这满足了地方政府发展的需求，因此必然能得到当地政府的大力支持。赵志全的扩张发展梦想与地方政府的脱贫发展梦想高度吻合，鲁南有梦想，费县有诚意，双方一拍即合。

其次是经济视角。费县地方政府土地富余，急于通过引进企业发展经济、扩大税收。因此当时土地价格便宜，企业也比较容易与政府谈优惠政策，且不会被要求短期内就完成土地的开发，这为当时缺钱发展的鲁南制药提供了喘息之机。赵志全在选择建厂地点和招商引资政策时一定也考虑到鲁南制药的未来发展所需要的空间，因此在费县投资拿地，既可以充分满足未来产能扩张的需求，又无须立刻开发，早期低廉的土地价值还会随着地方经济的发展而不断提升，可谓一举三得。

再次是行业形势。当时所有企业（包括药企）采用的扩张手段基本都是空间扩展。扬子江药业、华润制药、复星医药等业内企业都是在这个阶段开始不断扩张的；这一策略到今天依然适用，只不过方式发生了一些变化，例如融入了并购、合资、租赁等方式。在当时，只要有企业愿意投资，政府多会抛出橄榄枝，而能不能成功是另外一回事。先签约、后发展的事情在那个年代非常普遍。这样的时代特征和发展形势造就了一批像赵志全这样有着宏伟梦想、敢于拼搏的伟大企业家。

最后是赵志全的家乡情怀。中国人的家乡情怀本就很重，山东人更是如此。临沂是老区，赵志全生于斯长于斯，小时候的回忆总是青涩中带着甜蜜。回报家乡的浓厚情怀，加上得天独厚的条件（自然、经济与政治条件），让赵志全最终为鲁南制药选中费县作为承载未来宏图伟业的沃土。

但事情并没有预想的那么顺利，1998 年亚洲金融危机爆发，整体大环境不好，鲁南制药在土地问题上也遇到了困难，谈判持续了整整 3 年有余。公司的老同事说，当时的费县领导圈里有着不同的声音，一方面想招商引资搞发展，一方面又害怕企业打着招商引资的幌子圈地，而赵志全的朴实作风又会给人带来实力不够的错觉。当时企业老板开豪车是一种身份和实力的象征，虽然其中不乏滥竽充数者，但是绝大多数人还是不能逃脱世俗观念。一些地方政府、银行判断企业是否有实力，或是企业之间彼此考量经营情况如何，还是会看老板的外在表现，于是豪车、大房、名牌衣服、出手阔绰成为企业经营状况和实力俱佳的象征。所以很多企业家不得不把自己包装起来，以博取更多的政策支持、贷款和合作。

此时，赵志全遇到的难题是，企业和品牌已经得到了社会和老百姓的认可，但领导们总觉得不对劲：哪有这么厉害的企业老板的座驾是普通桑塔纳，又总是穿着几件看起来并不合身的西装？其实，当时鲁南制药的规模和资本实力确实不是很强大，赵志全也并没有想一口气吃成个胖子——拿下现在新时代药业那么大规模的土地。以当时的状况，几百到上千亩的空间规模是基本能满足 1998 年前后鲁南制药的发展需要的。但是从 1998 年到 2001年，鲁南制药迎来了快速发展期，利润从 1999 年的 155 万元迅速增长至 2001 年的 6501 万元，总资产几乎翻了一番，从 4.6 亿元增长至 9.5 亿元。这与 1998 年金融风暴后经济形势逐渐好转有关，也与鲁南人的经营和不懈努力奋斗密切相关。鲁南制药连续几年业绩和利润向好发展，也让赵志全有了投资的底气和谈判的筹码。

2000 年，费县人民政府在北京举办大型招商引资活动，赵志全听到后就告诉费县领导："自己家门口的商都不招，跑到北京去，不是舍近求远吗？你们要记着，鲁南制药是费县未来最大的企业。"事实胜于雄辩，不断发展的鲁南制药最终得到了时任费县县委书记仇景阳的认同，费县重新开始和鲁南制药进行谈判。经过两年多的反复谈判，终于在 2002 年 3 月 9 日，鲁南制药和费县县政府正式签约，2002 年 3 月 23 日临沂新时代药业厂房举行了奠基仪式。新时代药业总体规划占地 8600 亩，预计总投资 60 亿元。一期综合性工程占地 2100 亩，投资 7 亿元，以中药、西药制剂为主；二期工程为生物工程；三期工程以医药中间体（医药原料）为主；四、五期工程连在一起，以生物工程、医药化工为主。赵志全也预言成真，鲁南制药的新时代药业成为费县最大的企业，为费县的繁荣做出了巨大贡献。

● 全力以赴打造花园厂区

赵志全早在 2000 年便提出了"园林化、现代化、国内领先、国际一流"的新时代药业建设要求，值得一提的是，"园林化"竟然被排在了首位。赵志全说，把"园林化"放在首位，是因为只有一个好的生产、生活环境，才能激发全体员工的创造力。因此，新时代药业的建设规划并不仅仅考虑生产效益，即使在边赚钱边建设的艰辛过程中，赵志全也始终以企业发展、员工需求为第一位，独自承担了所有压力。

调研团队走进新时代厂区的第一印象是这里特别大，与其说是工厂，不如说是大花园。厂区总体规划占地8600多亩，内有像旅游景区那样的敞篷电动游览车，坐着游览车在厂区内跑一圈要一个小时。厂区的建筑密度不大，游览车穿过一片片茂盛的树林才能见到一座座厂房或办公楼。这一座座钢筋混凝土的水泥建筑仿佛融入了自然景观，看起来十分和谐。

当初在费县给新时代选址时，赵志全一眼就看中了这块土地，他的理由有四点：其一，这块土地就在清代乾隆皇帝行宫——万寿宫之下，坐拥"两山两水"，是个福地。其二，赵志全心中有建设生物制药工厂的梦想，可以说生物制药是鲁南制药产品战略中最为重视的一个方向。这块土地不仅是未来鲁南制药的生产基地，也将会是重要的人才和研发基地。赵志全不止一次和高管们说，新时代药业既然是生物制药的研发和生产基地，那么环境一定要优美，一定要山清水秀、绿树成荫、鸟语花香。只有这样，才能和大家传统印象中高污染、对环境高危害的制药工厂区分开。其三，赵志全心中一直有个梦想，他想在未来给新时代药业的员工们在这个山清水秀、鸟语花香的地方建起属于他们自己的家园。只有员工们安居乐业，才能更好地投身于工作，回报社会。其四，赵志全认为，如果这些设想都能实现，那么新时代药业还可以开发工业旅游项目，让其他企业和社会都来看看自己的成果，让他们知道企业，尤其是制药企业也可以与自然和谐共生、共同发展。

从这四点原因看，赵志全当年的选址确实经过了深思熟虑，充分说明其超前的战略思维。他不仅考虑到了公司发展战略、产品战略、人才战略，更将鲁南制药的品牌建设和文化建设融入其中。新时代药业的建设，在鲁南制药的发展历程中具有跨时代的意义，但对那时的鲁南制药来说，也是非常艰难的选择。赵志全让自己和鲁南制药陷入了长期的"困境"，赵志全这样的超前规划和负债经营确实是一种冒险，但这就是那个时期勇于进取的企业家的做法。2019年10月金秋时节，当这块土地上一幢幢属于鲁南制药员工自己的高楼建起来时，我们知道，赵志全的梦想实现了！这或许也是那么多优秀的鲁南人愿意扎根这块土地的主要原因之一。如今，每年暑假，都会有一批批大学生来到鲁南制药参观，其中很多人，因为这份情怀留了下来，并成为鲁南制药大家庭的一分子。

当时的鲁南制药产值还不到10亿元，销售额8亿元，但新时代药业的宏伟蓝图却是跨时代的，以8亿元的销售额撬动一个产值超过百亿元，甚至未来承载千亿的生产基地的建设，其资金和人力的投入都是不可想象的。鲁南制药对新时代药业持续投入，仅资金一项就将近百亿元。虽说不是一次性投入，但这其中的压力和困境并不是数字上的加减法那么简单。

赵志全在内心里是一个"嫉慢如仇"的人，因此他的发展愿望和对时间的要求，让鲁南制药陷入了一个又一个资金困境。新时代药业的基建项目都是一个个用钱堆出来的工程，有钱才有速度，房子和厂房并不会自己从地里长出来。有时候，为了一笔基建款，赵志全就要一家一家银行去拜访，一个行长一个行长去说服。其实，厚普制药和贝特制药都做了贷款，可这远远不够，所以公司的每一笔回款都要投到再生产和建设中去。

但不论资金压力多么大，赵志全对研发人员也从不曾说过一个不字，只要是研发人员提出的科研要求，无论是建设实验室、买仪器、买试剂，还是招聘人才，赵志全一定全力支持。在调研中，科研部的赵丽丽说："当初要建设新时代研发实验室时，大约是 2005 年。这是个几千万的项目，但我们研发人员觉得有价值，就申报给他，赵总眼睛都不眨一下就答应了。他给科研人员的感觉是公司根本不缺研发资金。"药理中心李欣说："赵总的科研眼光非常长远，2005 年就提出药理中心不仅要做药理的研究，还要做安全的评价和测试的要求。2007 年赵总要求开始做 GLP（Good Laboratory Practice，优良实验室规范）测试，2010 年国家政策就要求必须在 GLP 实验室试验，说明赵总眼光长远。质量实验室对布局和环境要求都非常高，后来研发人员提出能不能新建一幢独立的质量检测楼。那时候是 2011 年，赵总毫不犹豫地建了一幢新楼，用了 2 年时间，花费 5000 多万元。国内的 GLP 实验室大部分都是国家扶植的实验室和研究所，而我们则是靠自己建出来的。"

赵志全经常说:"依靠员工办企业,办好企业为员工。"他也是如此践行的。在新时代药业建设资金非常困难的时期,有次赵总在新时代药业的职工食堂吃饭,看见很多员工都是冒雨来食堂,衣服都淋透了。他思索了一下,回去就让行政部门给大家每人发了一件雨衣。新时代药业的厂区特别大,员工从办公区要步行很久才能到宿舍区,大家路上需要花费大量的时间。于是赵志全又让行政部门给每个人发了一辆自行车,后续还建起了很多车棚。雨衣、自行车、车棚,看似没多少钱,但3000名员工,依旧是一笔大投入。赵志全在最艰难的时期,依然没有忘记办企业是为了员工。员工好,员工幸福,企业才能好。作为一个怀揣宏图大略、意气风发、挥斥方遒的企业家,资金问题只是成功路上的一点小问题。他经常对大家说:钱的问题你们不用操心,我来想办法。赵志全的自信和乐观,让鲁南制药的几千号员工也十分坚信:只要有赵总在,就没有干不成的事。

● 基础设施建设回顾

鲁南制药的初始配置

郯南制药厂原本是一个校办企业,从最开始的几间棚屋,到后来的临沂市临西一路107号,从郯城迁来的两台不锈钢浓缩锅和其他搪玻璃设备就是鲁南制药当初的全部家当。

承包经营之后,1988年,口服液二车间、片剂和口服液新大楼相继建成投产。同年,赵志全从宏伟村征集的15亩地成为鲁南制药西宿舍区的一部分，随后 10 年间逐步兴建了建筑面积 1365 平方米的综合制剂楼、2840 平方米的大型综合楼，银黄口服液、氯唑沙宗和鲁南欣康等技术改造项目也完成了建设。

厚普公司的初始建设

2001 年，临沂市化纤印染总厂将部分资产转让给鲁南制药，其中包括厂区 4 万多平方米、家属区土地 1.5 万平方米，成为现在的厚普公司及部分家属区用地。2001 年 7 月 31 日，鲁南制药对收购的部分高大建筑进行爆破，正式实施其投资 1.2 亿元的中药技术改革项目。

2003 年 12 月 16 日，山东鲁南厚普公司注册成立，主要生产中药制剂，剂型含中药片剂、胶囊剂、颗粒剂、口服液、丸剂等。2006 年 1 月 9 日，山东雅禾纺织股份有限公司将银雀山路西段南侧 105 号 4.4 万平方米土地出让给厚普公司，出让年限 50 年，现为家属区用地。临沂荣华纸业有限公司的原有土地现为银雀山路家属区南院和西侧部分用地。2006 年 2 月 16 日，山东鲁南厚普制药有限公司变更为鲁南厚普制药有限公司。2013 年 1 月，临沂沂光电缆厂将企业土地 8.5 万平方米出让给厚普公司使用，现为厚普公司现代中药产业化示范园部分土地。2013 年 4 月 6 日，厚普公司现代中药产业化示范项目动工。鲁南制药集团及其主要子公司的架构如图 3-1 所示。

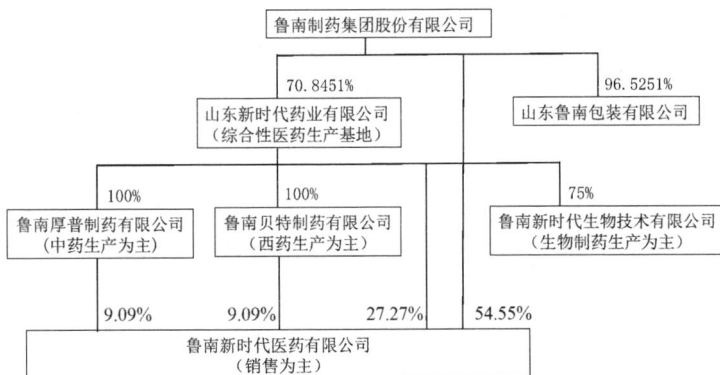

图 3-1　鲁南制药集团及其主要子公司架构

贝特公司的初始建设

2003 年 12 月 16 日，贝特公司注册成立，主要生产化学原料药和制剂，剂型涵盖了片剂、针剂、大输液的喷雾剂、胶囊剂、颗粒剂等。2005 年 7 月，临沂市工艺布厂近 2 万平方米土地出让给贝特公司，出让期限 50 年。2014 年 11 月 24 日，临沂市国土资源局将原临沂印染厂土地 3 万平方米出让给贝特公司用于扩建项目，现为贝特 25 车间所用地。2015 年 12 月，临沂大丰食品有限公司将厂区 1 万平方米土地及地上附着物一次性出让给贝特公司，此地由此成为贝特公司 25 车间的一部分。2016 年 5 月 18 日，贝特公司扩建项目奠基仪式举行。2018 年 4 月，贝特公司扩建项目通过 GMP 认证，正式投产。

山东鲁南包装有限公司的初始建设

1999 年 9 月，山东费县无线电元件厂加入鲁南制药集团，创建"鲁南制药集团费县包装公司"，注册资本 518 万元，其中鲁南制药投资 500 万元,费县元件厂职工持股会投资 18 万元。2001 年 10 月,鲁南制药集团费县包装公司正式更名为临沂鲁南包装有限公司。2004 年 12 月,临沂鲁南包装有限公司正式变更为山东鲁南包装有限公司。

新时代药业的初始建设

1999 年 11 月 20 日,费县供销合作社将山东沂蒙中药厂全部有效资产出售给鲁南制药。2000 年 1 月 5 日,山东沂蒙中药厂更名为临沂鲁南制药集团沂蒙药业有限公司。2001 年 6 月 5 日,费县人民政府将县土地储备库 2217.6 平方米的国有土地使用权出让给临沂鲁南制药集团沂蒙药业有限公司。2001 年 11 月 12 日,临沂鲁南制药集团沂蒙药业有限公司正式更名为临沂新时代药业有限公司。2002 年 3 月 23 日,鲁南制药技术中心、临沂新时代药业有限公司扩建工程奠基。2003 年 12 月 23 日,临沂新时代药业有限公司正式变更为山东新时代药业有限公司。

2003 年确立的鲁南制药空间布局可以支持鲁南实现千亿级的发展规模,现在回头来看,这样提前布局和顶层设计是非常具有前瞻思维的。这一空间布局的跃进很好地支撑了鲁南制药产业发展的长远规划,笔者在下文中将结合社会突发事件和国内制药行业发展再做评述。

第四章
英雄的后半场战役
（2002—2014）

不要试图给你的生命增加时间，而要给你的时间赋予生命。
我的工作已经完成，还等什么呢？

——乔治·伊斯曼（1854—1932）

让软弱的我们懂得残忍

狠狠面对人生每次寒冷

依依不舍的爱过的人

往往有缘没有分

……

美丽的人生 善良的人

心痛心酸心事太微不足道

来来往往的你我遇到

相识不如相望淡淡一笑

忘忧草 忘了就好

——五首歌之四《忘忧草》

4.1 行业发展背景再思考

笔者一直在阐述鲁南制药的自身发展，即从1987年10月赵志全承包经营到企业进入新时代，在短短不到15年时间里，鲁南制药主要解决了生存的问题。随着企业布局新时代药业生产基地，鲁南制药大步走向大型制药企业集团的目标。笔者在本节中将简要分析中国医药行业的发展阶段和背景，同时选取了医药行业的三个成功企业作为行业标杆来加以分析比较，从而帮助我们更好地理解鲁南制药发展的历史机遇、竞争格局演变和企业发展战略。

⊙ 中国医药行业发展三个阶段

阶段一：改革开放前中国医药行业发展（1949—1978）

百废待兴的起步时期（1949—1957）：新中国成立之时，旧中国遗留下来的医药生产和经营基础已经崩溃，除了中药、红药水、紫药水、药棉、纱布外，其他药品奇缺，可谓百废待兴。当时国家重点实施了四个方面的政策措施来恢复和加强医药工业建设：一是设立了卫生部，统一领导管理药政、药检和药品的生产、经营、使用、药物科研及药学教育。二是在苏联的援助下，兴建了华北制药厂等一批化学原料药生产企业，同时专门成立了中国药材公司，实施统一集中管理和统一经营。三是逐步建立药品质量和监管标准。1953年8月第一部《中华人民共和国药典》正式颁布，整个1953年全国建立了药品检验所13家、药品检验室14个。四是培养产业人才。1952年，全国各高校开始进行院系调整；到1955年，我国有南京药学院和沈阳药学院两家药学院，北京医学院、上海第一医学院、四川医学院等高校均开设了药学系，还有重庆药剂士学校、江西南昌药剂士学校、上海制药工业学校等中等药科学校。①

发展和调整巩固时期（1958—1965）：1958年"大跃进"，全国各地纷纷开始建药厂，药厂数量由1957年的181家增加至297家，迎来了新中国成立以来的首次制药企业增长高潮，但是同时也出现了滥制药品、质量管理松懈、低水平重复建设、生产效率低下等严重问题。1963年10月，卫生部、化学工业部、商业部发布了药政管理第一个综合性法规《关于药政管理的若干规定》。1965年，卫生部同化工部制定了《药品新产品管理办法》，第一次明确了新药的定义和临床、生产审批的具体要求。在这一时期，

---

① 中国医药企业管理协会. 中国医药产业发展报告(1949—2009) [M]. 北京: 化学工业出版社，2009: 3-4.

中药材生产得到迅速发展，中成药和饮片生产开始从手工作坊逐渐走向半机械化、机械化道路。

整顿恢复期（1966—1978）：1966年开始的"文化大革命"使医药产业受到巨大冲击，许多监管规章制度被废止，相关管理部门、科研机构也受到冲击。同时，1966年至1976年，全国各地大搞中草药运动，纷纷投建药厂，出现了我国制药企业数量的第二次增长高潮。到1976年，我国制药企业数量达2600家，后来经过整顿保留1320家。鲁南制药的前身郯南制药厂（1968）、恒瑞制药前身连云港制药厂（1970）、神威药业前身五七化工厂（1970）（1973年改名为栾城县红旗制药厂）等都是在这个时期创建的。直到1978年7月22日，国家医药管理总局成立，才终于恢复对医药产业自上而下的统一管理。

阶段二：中国医药行业的快速发展与开放（1978—1997）

1978年12月，党的十一届三中全会确定把全党的工作重心转移到以经济建设为中心，开启了中国历史的新篇章。1979年1月，国家医药管理总局恢复成立中国药材公司、中国医药工业公司、中国医疗器械工业公司和中国医药公司，各地先后成立医药管理局，形成了从中央到地方的医药统一管理体系。1980年8月2日，我国医药行业第一家中外合资制药企业——中国大冢制药有限公司成立，自此跨国药企逐步开始在中国成立合资公司，比如无锡华瑞制药（1982）、西安杨森（1985）、上海施贵宝（1985）等。

1984年10月，党的十二届三中全会通过了《中共中央关于经济体制改革的决定》，医药产业也进入深化改革阶段，逐步摆脱计划经济体制的束缚。自此，一、二、三级采购供应站都可以直接从制药企业采购药品，医院的药品采购也从单一渠道转为多个渠道，制药企业则开始自行组织营销队伍直接向医药商业企业和医疗机构推销药品。1986年12月5日，国务院出台了《关于深化企业改革增强企业活力的若干规定》，提出全民所有制型企业可积极试行租赁、承包经营试点，加快企业领导体制的改革，全面推行厂长（经理）负责制。1987年8月31日，国家经委、体改委印发了《关于深化企业改革、完善承包经营责任制的意见》，进一步推进经营责任制改革。这个时期中国药企诞生了一批成功领导企业发展的优秀企业家，鲁南制药的赵志全便是其中之一。

1992年开始，中共中央召开会议陆续通过了《中共中央关于建立社会主义市场经济体制若干问题的决定》《股份制企业试点办法》《关于积极推进国有小型企业改革的意见》等重要文件，从国有企业的股份制试点开始，进入产权制度改革，逐步建立现代企业制度。1993年6月，哈尔滨医药股份有限公司在上海证券交易所上市，成为中国医药行业首家上市公司。1995年，国家开始受理药品GMP认证。1996年，党中央、国务院召开全国卫生工作会议，首次提出中药现代化理念。

随着中国投资环境的不断改善，国际著名药企来华合作的业务逐渐从药品生产扩展到研发、生产、销售一体化，对于中国市场的影响不断深化。比如1994年，诺和诺德（中国）制药有限公司成立，并于 1997 年在北京建立了第一家致力于生物技术基础研究的研发中心。它们在一定程度上促进了本土制药企业从原料药向品牌药方向的转变，仿制药和创新药的概念也随之诞生。外资药企以强大的产品优势和国家政策倾斜优势，加上成熟的"学术推广 + 医药代表 + 专家网络"营销模式迅速占领中国市场。它们的进入不仅极大地丰富了中国国内的药品市场，同时带来了国外较为先进的技术、理念和营销模式。1999 年，国家经贸委下发了《深化医药流通体制改革的指导意见》，进一步加快了医药商业改革进程。民营资本迅速进入医药流通领域，逐步形成了国有、民营、股份制等多种所有制并存、共同发展的新格局。受到行业高额利润的驱动，投资不断涌入医药市场，这个时期出现了第三次办厂高潮，市场竞争加剧，到 1999 年，全国的药企数量达到 6357 家。[①]

1987 年，赵志全乘上改革的东风，成功竞标郯南制药厂厂长。随后 1994 年开始股份制改革，1995 年鲁南制药从国有企业转变为中外合资企业，积极改革人事分配制度，大力推动科技创新，逐渐由单一中药生产转向以中药、西药两大品类为支柱，并提前规划 GMP 认证建设，产品质量和品牌得到较大提升。

阶段三：完善监管体制，保障医药产业健康发展（1998 至今）

以 1998 年国家药品监督管理局挂牌成立和 2009 年深化医药卫生体制改革这两个政策变动为标志，中国医药产业进入健康发

---

① 中国医药企业管理协会. 中国医药产业发展报告(1949—2009) [M]. 北京: 化学工业出版社，2009: 13.

展新阶段，这个阶段直至今天仍然还在进行中，这也是医药企业大洗牌的年代。

1998 年 4 月 16 日，国家药品监督管理局挂牌成立，负责药品的审批和日常监管，将原国家医药管理局的药品流通监管职能、国家中医药管理局的中药监管职能和卫生部原药政、药检职能全部纳入新的国家药品监督管理局的职能范围，由此揭开了药品统一监督管理的新篇章。1999 年至 2004 年，GMP 认证强制实行，到 2004 年 7 月 1 日，未通过 GMP 认证的企业强制停产。2003 年，在国家药品监督管理局的基础上，组建成立国家食品药品监督管理局①。2007 年，《药品注册管理办法》又再次修订，并于同年 10 月 1 日实施，更加鼓励创新，对仿制药做出限制，进一步提高申报资料要求。

"新医改"深化医药卫生体制改革。2009 年 3 月 17 日，《中共中央国务院关于深化医药卫生体制改革的意见》（中发〔2009〕6 号）发布，新一轮深化医药卫生体制改革的大幕全面拉开，这也标志着"新医改"正式启动。经过将近 11 年的探索，医药产业基本确立了以"三医联动"为核心的改革策略，对卫生体制、医保体

---

① 2003 年 5 月，国家食品药品监督管理局仍然为国务院直属机构，2008 年 3 月，改由卫生部归口管理。2013 年 3 月，组建国家食品药品监督管理总局。保留国务院食品安全委员会，具体工作由国家食品药品监督管理总局承担；不再保留国家食品药品监督管理局和单设的国务院食品安全委员会办公室。2018 年 3 月 13 日，十三届全国人大一次会议审议国务院机构改革方案，组建国家市场监督管理总局，不再保留国家食品药品监督管理总局。

制和药品生产流通体制进行联动改革，即从医疗（药品使用方）、医保（药品支付方）、医药（药品提供方）三方面进行联动式改革。2018年3月13日，第十三届全国人民代表大会第一次会议审议通过了国务院总理李克强提请的国务院机构改革方案的议案，其中方案提出组建国家医疗保障局（下文简称"医保局"）、组建国家卫生健康委员会（下文简称"卫健委"）、组建国家药品监督管理局（下面简称"药监局"），医保局、卫健委、药监局分管医保、医疗、医药，各司其职，提升效率，这些举措成为进一步深化"三医联动"的重要措施。

从2009年"新医改"至今，"分化"成为主旋律：一方面，体现在强者恒强、大者恒大，一批真正优质的医药企业10年卧薪尝胆，开始厚积薄发；另一方面，小者恒小，政策倒逼医药从业者要么在沉默中倒下，要么在自我变革中涅　重生。另有一批医药的新生力量开始崛起，科技驱动、创新驱动在医药从业者身上体现得更加明显。[①] 优化审评、鼓励创新、一致性评价等政策的快速推进，进一步考验着医药企业的质量水平和抗风险能力。中小企业生死攸关，不做一致性评价必死无疑，做了一致性评价也不一定能活。手握上百个批准文号的大型企业则主要采取弃车保帅的策略，抓大放小，保住一批市场容量大的、企业有优势的拳头产品，放弃一批市场容量小的、对企业贡献小的品种。而那些注重仿制

---

① 林延军, 沈斌. 医药行业大洗牌与药企创新[M]. 北京: 中华工商联合出版社，2018:1.

药研发，拥有强大研发实力，一贯坚持高质量水平的企业则完全可以凭借自身优势，抢先布局一致性评价品种。同时，由于国内制药企业在欧美和日本等规范市场申报、研发和生产仿制药，被视同通过一致性评价，拥有制剂出口优势的国际化企业也将赢得优势。

"新医改"背景下，医药市场进入"腾笼换鸟"时代，医药行业正进行着一场大洗牌。企业将逐渐由单一的发展模式向合作平台型的发展模式演变，政府的监管模式将向更加精细化的"临床路径"监管模式转变。转型升级与创新仍将是中国药企未来发展的主旋律。

而鲁南制药在此阶段之初就预见性地扩建产能、调整产品结构，始终坚持"以改革为动力，以市场为中心，以科技为先导"的经营指导思想，将培育具有战斗力和活力的业务队伍、管理队伍、研发队伍作为企业经营的首要目标，不断提升研发能力，持续打造明星单品，形成了以新时代药业、鲁南厚普、鲁南贝特等一系列公司主体为基础的国内一流的综合性制药企业。

● 中国医药行业标杆企业案例分析

为了让各位读者更为深刻地了解医药企业的发展策略，本书基于二手资料进行多案例比较，尝试通过对国内医药行业标杆企业的分析来了解国内医药行业的发展状况，从而更好地理解鲁南制药的发展过程与未来前景。

案例1：恒瑞医药

江苏恒瑞医药股份有限公司（以下简称"恒瑞医药"）创建于1970年，2000年10月18日在上海证券交易所上市，是国内最大的抗肿瘤药、手术用药和造影剂的研究和生产基地之一。根据2021年上半年中国上市公司市值500强榜单数据显示，恒瑞医药以4348亿元排在第41名，位列医药生物行业第4名。

恒瑞医药前身是成立于1970年的连云港制药厂，刚开始只是一家以生产红药水、紫药水等为主的小药厂。1982年，孙飘扬作为"文革"之后的第一批大学生，从中国药科大学毕业后以技术员身份加入，没过多久之后又被调到了原医药工业公司做了科研处副科长。1990年，连云港制药厂陷入经营困境，孙飘扬临危受命出任厂长。上任之后，孙飘扬带领恒瑞步入"仿制药"新赛道。1992年出资120万元收购了中国医药科学院药物研究所开发的抗肿瘤新药——异环磷酰胺的专利权。该药1995年获批上市，一上市便成为"爆款"。恒瑞自此成为国内抗癌药物领域的领导厂商，成功完成从"半成品加工"到"自有新药"的跨越。1991—1996年期间，制药厂开展了20多个新药的研发。

1997年，连云港制药厂进行股份制改造，并更名为"恒瑞医药"，当时有5家股东，分别是恒瑞集团、中国医药工业公司、恒瑞集团工会、连云港医药采购供应站、康缘制药，其中最大的一家是国有股东恒瑞集团。2000年10月，恒瑞医药的控股书中显示，其募资4.6亿元。2000年，恒瑞医药上市，招股书中显示，募投资金的三分之一用在了"抗肿瘤药等国家级新药制剂技术改造项目"上。2003 年，孙飘扬启动了恒瑞医药的 MBO（管理层收购）进程，对 MBO 的布局便是对国有股份进行私有化的布局。[①] 恒瑞集团将大量国有股转让给三个出资方：天宇医药、连云港恒创医药、中泰信托。在得到了老领导——恒瑞集团董事长徐维钰的批准和协助后，以上三家民营企业在 2003 年 3 月 24 日同恒瑞医药大股东恒瑞集团签署股权转让协议，共收购了恒瑞医药 56.15% 的股份，国有控股部分只剩下 6%。其中获得股份最多的一家是天宇医药。天宇医药是恒瑞医药管理层成立的公司，孙飘扬起初不在天宇医药任职，但后来逐渐成为其控股股东。2006 年，恒瑞集团又把剩下的国有股全部转让给天宇医药，使后者的持股比例达到 24.6%，成为恒瑞医药的第一大股东。

技术员出身的孙飘扬一直想做创新药，但是创新药不是他想做就能做的。在国际上，2010 年前研发一款新药的平均成本约为 12 亿美元，需耗时 10 年，而到了 2017 年，这个数字已攀升至 15.4 亿美元和 14 年。新药的专利期一般为 20 年，也就是说新药上市后最多只有 10 年保护期。

2005 年之前，恒瑞医药只确立了一个创新药项目，当时孙飘扬为企业规划的战略是优先发展仿制药，而且要仿制那些尚未被仿制的高利润产品，做到"首仿"。孙飘扬发现抗胃癌靶向药最

① 参见：陈勇. 从"管理层收购"时代到"职业经理人"时代：恒瑞医药的传奇历程[EB/OL].（2020-03-10）[2022-03-30]. http://www.sohu.com/a/378905969_100058260.

符合要求，因此 2005 年前后，恒瑞医药逐步确立胃癌靶向药项目，该项目受到国家高度重视，被列为"十一五""十二五"重大新药创制专项。此后 10 年，孙飘扬带领科研团队殚精竭虑地研发，终于在 2014 年研发成功并获批上市，这就是如今众所周知的"艾坦"。

目前，恒瑞已有 7 个创新药——艾瑞昔布、阿帕替尼、硫培非格司亭、吡咯替尼、卡瑞利珠单抗、甲苯磺酸瑞马唑仑和氟唑帕利获批上市，一批创新药正在临床开发，并有多个创新药在美国开展临床试验。

2020 年 1 月 16 日，恒瑞发布公告称，孙飘扬不再担任公司董事长职务，转而担任董事及战略委员会主任委员，选举在恒瑞工作 25 年、担任总经理 17 年的周云曙为公司第八届董事会董事长。然而，周云曙仅担任了一年半的董事长，就于 2021 年 7 月"因身体原因"辞去董事长、总经理以及董事会专门委员会相应职务，孙飘扬再次上阵接任董事长职位，而总经理之职却一直空缺至今。可以看出，孙飘扬早在多年前就为恒瑞医药转型职业经理人管理做准备，然而长期锻炼培养的接班人周云曙的突然辞职，则令恒瑞的传承问题再次扑朔迷离起来。

案例 2：复星医药

上海复星医药（集团）股份有限公司（以下简称"复星医药"）的前身是上海复星实业股份有限公司，其成立于 1994 年，并于

1998年8月在上海证券交易所上市（股票代码600196）。2004年，复星实业正式更名为上海复星医药（集团）股份有限公司。2012年12月，复星医药在香港联合交易所挂牌上市（股票代码HK2196）。2020年上半年，复星医药实现营业收入140.28亿元。

郭广昌1967年出生于浙江省东阳市，1989年毕业于复旦大学哲学系。1992年，郭广昌拿出从老师那里借来用于出国的3.8万元，跟梁信军等人共同成立了广信科技咨询公司（以下简称"广信"）。1993年，由于获得了台湾元祖食品公司的咨询合同，郭广昌赚到了人生第一个100万元。当年，郭广昌、梁信军的另外三个校友汪群斌、范伟、谈剑陆续加入，广信也从此改名为复星，外称"复旦五虎"的复星核心团队由此会合，并逐渐发展成为在港交所主板上市的全球家庭消费产业集团（复星国际），深耕健康、快乐、富足、智造四大板块（以下均以"复星"指代整个复星体系，"复星国际"指代母公司，"复星医药"指代复星旗下医疗上市公司）。

1993年6月，郭广昌决定率领团队主攻房地产销售和生物医药领域。"复旦五虎"中三人的专业是遗传工程学，经过潜心研究，在母校找到了生命科学院研究的一种新型基因诊断产品——PCR乙型肝炎诊断试剂。郭广昌几乎把累积的资产全部投到了生物制药上。当年仅该项技术的无形资产就被评估为1023万元，而这个产品也让复星赚到了第一个1亿元。1994年，郭广昌等几人正式成立了复星实业。1998年8月，复星实业（后更名为复星医药）在上海证券交易所上市，募集资金3.5亿元。郭广昌由此认识到资本市场魅力无穷，开始思索如何将产业与资本深度对接，从此开始了资本运作谋求跨越式发展之路。复星医药自上市之后进行了上百次的投资并购，涉及医药流通、产品与研发、医疗服务、医疗诊断及医疗器械等各个领域，经过 20 多年的并购整合，最终发展成为中国医药行业领先的集团公司。

复星医药的第一次换帅发生在 2017 年，复星医药法定代表人、董事长由以往的郭广昌变为陈启宇。陈启宇 1972 年出生，于1993 年从复旦大学取得遗传学专业学士学位，1994 年加入复星医药，历任上海复星医药（集团）股份有限公司副总经理、财务总监、董事会秘书、董事、副董事长、总裁等职。

2020 年 10 月 29 日，陈启宇因为工作调整，辞去了复星医药董事长职位，改任复星医药非执行董事，但在母公司复星国际的职位保持不变。作为复星国际执行董事兼联席 CEO，陈启宇未来将更聚焦于复星国际层面的业务经营与管理，并继续作为复星医药董事会成员参与复星医药重大事项的决策。接任者是同为核心管理团队的吴以芳。复星医药官网资料显示：吴以芳 1969 年出生，硕士学历，于 2004 年 4 月加入复星医药，于 2016 年 6 月担任公司首席执行官，2016 年 8 月开始担任公司执行董事，2020 年 10月开始担任公司董事长。

复星十分注重高管团队的激励，复星全球合伙人战略中，合伙人达 20 多位，其中医药板块全球合伙人 3 位，陈启宇和吴以芳均在其中。复星的合伙人不是终身制，每年都会有新增和退出。

郭广昌最希望两类人能成为复星的全球合伙人：一类是能独当一面，为复星做出巨大贡献的人；另一类是深刻认同复星文化和战略、年富力强、有巨大发展潜力、愿意不断向高处攀登的人。

案例3：扬子江药业

扬子江药业集团有限公司（以下简称"扬子江药业"）建于1971年，是一家跨地区、产学研相结合、科工贸一体化的国家大型医药企业集团，也是科技部命名的全国首批创新型企业，在2019年度中国医药工业企业百强榜中位列榜首。

徐镜人1944年10月出生于江苏泰州，于1971年带领着一帮人成立了扬子江药业的前身泰兴口岸工农制药厂，当时企业的性质还是镇办工厂。工厂成立初期，只有一间小民房，后来徐镜人亲自带着员工们一砖一瓦地盖出6间平房。初期，药厂主要生产一些用于治疗感冒发烧的药品，后来慢慢转向生产板蓝根冲剂。1981年，四川发生水灾，扬子江调拨大批板蓝根干糖浆，"板蓝根大王"的雅号从此不胫而走。1985年，扬子江制药厂挂牌，徐镜人任厂长。1988年，扬子江制药厂率先突破江苏医药产业产值1亿元大关，创造了20世纪80年代产销利润连续8年翻番的奇迹。

1990年至1992年，徐镜人因"莫须有"的诬告受到不公正的处理，离开了他一手创办的扬子江制药厂。徐镜人离厂3年多，企业发展严重受挫。1993年，在上级党委、领导关心下，徐镜人恢复职务，回到了已经亏损200多万元急需改革的扬子江制药厂。

为了挽救制药厂，徐镜人启动了扬子江制药厂的一系列自救改革。除了板蓝根颗粒，药厂急需推出新产品占领市场，得知中医泰斗董建华教授藏有钻研40年所得的胃药验方，徐镜人亲上北京，三顾茅庐，最后赢得董老信任。根据董老的胃药验方，药厂自主研发，成功开发出国家级纯中药新药胃苏颗粒。1994年，胃苏冲剂获得全国知名品牌，1995年又获得中国中药名牌。

2021年7月11日，徐镜人在新疆出差期间，因连续奔波劳累过度，不幸去世，享年77岁。27岁创办药厂的徐镜人为集团的创立、成长和发展倾注了毕生精力，通过50年的经营，扬子江药业已发展成为拥有20多家成员公司、1.6万余名员工、年销售额突破800亿元的药业巨头。徐镜人去世后，已在集团工作27年的儿子徐浩宇接任公司法人、董事长兼总经理。在徐浩宇接班之前，父子二人的观念差异一直是外界关注的重点。徐镜人一直遵循不搞兼并联合、不盲目上市、不搞自己不熟悉的产业的"三不"策略，但儿子徐浩宇认为未来上市和兼并收购是必需的，但的确需要在坚持做好制药的前提下寻找自己熟悉的领域进行投资。随着行业发展和政策的变化，"徐浩宇"时代的扬子江药业将何去何从，大家拭目以待。

◎ 4个药企案例分析与评论

上市与不上市

在上述3个案例与鲁南制药的对比中，恒瑞医药和复星医药都是上市药企，并且在企业成立的较早期阶段就选择了上市，而扬子江药业和鲁南制药一样从小药厂一路打拼到现在自给自足，并没有选择上市。

恒瑞医药目前已有 7 个创新药获批上市，一批创新药正在临床开发，并有多个创新药在美国开展临床试验，这些都需要源源不断的研发投入才能实现。2020 年，恒瑞的研发投入累计 49.89 亿元，比上年同期增长 28%，研发投入占销售收入的比重达到 18%。恒瑞"研发一哥"的药圈美名都是用钱砸出来的。

自己研发需要钱，购买他人技术实行"拿来主义"也要钱，复星医药自 1998 年上市 20 多年来，大量投资并购了包括医药流通、制药、医疗器械、医疗服务等领域的众多企业，烧钱般地整出了覆盖全产业链的复星医药集团。同时，复星也是大量砸钱在产品研发上。2020 年，复星医药全年研发投入 40.03 亿元，同比增长 15.59%。除了研发投入，企业的硬件设施建设也需要很大投入。以恒瑞医药为例，恒瑞全力打造符合美国 FDA 和欧盟 EMA 质量认证的生产体系，生产基地的设计和建设均按照美国 FDA 标准进行，投资达 60 多亿元。

简言之，从恒瑞医药和复星医药的例子可以看出，上市确实为企业的快速成长与发展带来了不可比拟的优势。

扬子江药业和鲁南制药目前则都还是靠着前期积累的优势，实现自给自足。不管是在生产基地的建设上，还是在产品研究中心建设及平台合作上，都是一步一步地发展至现在规模。比如扬子江药业从 2000 年开始陆续拿地，然后一点点扩张，最终建成以泰州为中心，以南京、上海、成都、北京、广州等六大生产基地为框架，辐射全国的企业布局。近年来，扬子江药业每年用于研发创新的投入年增幅达 20%，年均技术创新投入占销售收入比例在 3% 以上。①

鲁南制药也很类似。纵观 2014 年前鲁南制药的发展历史，我们可以看到，企业在 20 世纪 90 年代初刚解决了生存问题之后，1992 年又开始进军西药市场，借款拿地建厂建车间，不断投资新产品。1996 年，在"九六决战"解决了市场问题之后，企业在 1997 年到 2001 年期间进入快速发展时期。有了一些积累后，2002 年又开始进行新时代药业的投资建设，更别说发展期间还有一系列药品研发投入等其他支出。鲁南制药一直在不断地努力挣钱和不断地花钱、借钱求发展中来回，直到近年来才真正富足起来。当然，正是前期不断地投入、勒紧裤腰带地奋斗所奠定的基础，才有鲁南制药今日的快速发展。

本质上扬子江药业和鲁南制药依然还是主要依赖于"研发 + 营销"双轮驱动，暂时未借助资本的力量。

在"新医改"的政策驱动背景下，医药行业正处于深刻变革之时。除了"质量"，"创新""国际化"也成为重要关键词。无论是改革临床试验管理、优化审评审批、加强创新权益保护，还是上

---

① 由于扬子江药业没有对外公开相应的财务数据，笔者对于研发投入的具体金额不得而知。

市许可人制度，都是在鼓励创新。创新成为医药行业未来发展不变的主题。[1] 而逐步接受海外新药临床数据、加入国际人用药品注册技术协调会（ICH）等步伐也反映出国家与国际接轨的决心。随着医药行业对创新与国际化的要求越来越高，"研发＋营销"的双轮驱动已经不足以支撑。资本将成为未来国内药企发展的又一个驱动力。如恒瑞一般，资本可以助力多项目产品同时在线研发；如复星一般，资本可以助力企业通过外延式并购打通产品线及产业链布局；如恒瑞和复星一般，资本还可以打通平台资源、人才资源、产品资源和国际市场等。

此外，还有一个不可忽视的驱动力是机制。许多企业担心资本的加入会影响企业的独立决策，那么，设立合理的机制就很重要了，如分离不同种类股份的表决权与分红权，以及对控制权和管理权进行一系列有针对性的机制设计等，既要保护股东们的利益，又要在一定程度上保证高管团队在企业管理和经营中的独立性。这里面其实已经有许多企业的实践可以借鉴。比如 AB 股（俗称"同股不同权"）制度设计，确保了创始人能以较少的持股拥有过半的投票权，从而保持公司经营的独立性。京东在上市前夕的股票也是区分为 A 股和 B 股，通过 AB 股 1：20 的投票权制度设计，刘强东用 20.7% 的股权控制了京东 83.7% 的投票权。当然，这样的投票权设计现在还只适用于在香港上市的公司。

---

[1] 国家的一系列政策都是在强调回归质量，比如新版的GMP认证、药品注射剂的再评价、仿制药的一致性评价。

医药行业后企业家时代的传承与发展

钱德勒在《塑造工业时代：现代化学工业和制药工业的非凡历程》一书中详细分析了1890—1990年近百年现代化学工业和制药工业的演进。无论国别与时代，医药行业无疑具备极高的进入壁垒，而只有始终以研发和创新塑造自身的护城河，长期坚守公司发展战略，企业才可能持续获得成功。在我国，医药行业伴随着国民医疗改革共同发展，受政策影响相对较大，医药产品供给和质量与经济效益和社会效益息息相关，相比其他行业其对内部控制水平和企业长期导向提出了更高的要求。

在本书的案例中，恒瑞医药的孙飘扬、复星医药的郭广昌、扬子江药业的徐镜人以及鲁南制药的赵志全无疑都是各自企业的灵魂人物。4位企业家都是一路凭借着超前的战略眼光、敏锐的直觉和判断力带领着企业前进并且取得辉煌的成绩，他们也在这个过程中获得了绝对的领导权威。从某种意义来说，这4家企业跟华为、海尔一样都是企业家式的企业，但行业的不同属性却带来了不同的风险和挑战。当作为企业灵魂人物的企业家临近退休甚至意外离世时，传承问题无疑将原来就需要具备长期的价值导向，同时又有着更多风险性和不确定性的医药企业推上了悬崖。毫无疑问，任何一个接班人都无法超越这样一个灵魂人物。职业经理人团队在技术与研发、行业专业度、管理职业化等方面具有难以超越的优势，而"子承父业"之类的血缘继承也有可能受益于一以贯之的家族创业精神和文化，加固企业使命、价值观和战略在代与代之间的传承稳定性（当然，两代人之间的价值冲突导致企业经营出现困局的案例也随处可见）。为了确保企业平稳过渡以及未来持续健康发展，选择谁接班、以什么样的方式传承将成为关键问题。

作为恒瑞医药的最高领导人、实际控制人和最终受益人，孙飘扬很早就开始布局传承事项，对职业经理人团队的整体接班谋划良久，发展过程中不断引进具有跨国药企丰富工作经验的专业人才，打造国际化的领军人才团队，为企业创新和国际化谋篇布局。然而，在孙飘扬将董事长之位交予培养多年的周云曙之后不久，他又不得不重新肩负起董事长的职责。虽然公司的其他高管团队仍然稳定地照常运行，但作为最高领导的接班人却由于不可预知的因素走向了未知。

复星医药作为复星国际的子板块，同样经历波折，先后经过两次换帅，从郭广昌到陈启宇，再到在企业经营、管理、营销方面背景深厚的吴以芳。但无论如何换帅，复星医药的实际控制人还是郭广昌。据企查查资料显示，郭广昌仍然是复星国际的董事长，复星国际100%控股上海复星高科技集团有限公司，而上海复星高科技集团有限公司正是复星医药的第一大股东，持股36.6%。

恒瑞医药和复星医药的传承就是在保证创始人控股地位基础上的职业化传承模式。它们将控制权与管理权分离，选用合适的职业经理人及高管团队接班。此种接班方式最重要的环节就是传承机制的设计。如何将控制权与管理权进行划分，如何制度化职业经理人的选择、培养与聘用，如何最大限度地激励职业经理人及高管团队，如何确保职业经理人的权益，如何看待企业成长与风险等，都是其中的重要问题。尤其对于一家必须走创新之路的药企，研发周期长、风险大，决策高度依赖领导者的判断和决断力，职业经理人的企业家才能需要得到最大的激发。而目前为止，无论是恒瑞医药的孙飘扬还是复星国际的郭广昌，实质上都还是企业发展战略的最高决策者，接班的职业经理人更多的是业务经营与管理。由此看来，中国药企的完全职业化还有很长的路要走。

扬子江药业在掌门人徐镜人去世之前并未实现传承接班，徐镜人70多岁高龄仍奋战在企业经营的第一线，虽然其子徐浩宇已经在企业历练多年，并担任了副董事长之职，但董事会始终未公布明确的接班安排。徐镜人去世后，经过半个月的准备，徐浩宇正式接手父亲的未竟事业，扬子江药业成为不同于恒瑞、复星等职业经理人接班的"子承父业"模式。"子承父业"的接班模式是中国家族企业传承中的传统模式，也在家族企业研究领域有过诸多讨论。中国家族企业要成功实现"子承父业"换代模式，必须在家族换代中认真思考权威转换、企业文化重新营造等问题。[①] 从案例中，我们看到徐氏父子在企业未来经营发展问题上是存在分歧的，徐镜人坚持扬子江药业不上市，而儿子徐浩宇认为上市是未来企业发展的必选之路。一代与二代经营理念分歧的解决关键在于接

---

① 陈凌，应丽芬. 代际传承：家族企业继任管理和创新[J]. 管理世界，2003(6)：89-97，155-156.

班规则和退出机制的制定。一代应该充分给予二代锻炼的机会，并在合适的时机逐步退出企业的经营管理决策，这是成功实现权威转换的必要前提。二代接班之后，两代人的领导方式和风格都不同，这会给企业带来新变化，企业文化和制度会随之变迁，而在换代中的"继承"和"连续"就显得非常重要。这时候两代之间要有一个共同的目标，并保持良好的沟通。然而，随着徐镜人的突然离世，扬子江药业的传承略显仓促，领导风格的突然转化也需要一定的适应期。二代接班后权威如何树立？企业如何获得新的发展？让我们静待答案的揭晓。鲁南制药已经实现传承，对传承的具体分析将在本书的后续章节中继续讨论，这里不再赘述。

产品发展模式对比

在本书的案例中，恒瑞医药一直是以抗肿瘤产品为核心，从第一个抗肿瘤药异环磷酰胺开始，以抗肿瘤药作为主攻方向进行着同一领域产品的研发，逐步成为国内抗肿瘤药的龙头生产企业。除了在抗肿瘤板块打造同领域系列大产品，恒瑞也逐渐向利润较高、竞争不激烈的麻醉药和造影剂两大特色领域扩展，并选择进入抗感染用药、心脑血管用药等市场容量大的领域，借助原有的研发和营销基础，进一步放大产品实力。

复星医药则是完全不同的产品发展模式。复星医药是依靠强大的并购，快速实现全产业链布局。通过一系列的资本运作，复星医药获得重磅产品，不断开拓新业务和新市场，不断获取更多资源来支持实业，所以复星医药的产品发展并不像恒瑞医药一样有比较明确的产品升级过程。

扬子江药业的产品发展模式则是以特色的中药产品为主打，有胃苏颗粒等一大批只有独家特色的中药明星品种，然后逐渐加强仿制药和创新药的布局。以发展中药和保健品为重点，扬子江药业持续加大投入，加快大健康产业的布局。所以在扬子江药业的产品发展中，中药产品和保健品的发展一直都是重点。

鲁南制药的产品则是经历了从中药为主、中药转化药、中药化药相对平衡，到保持化药优势、大力发展中药、做大做强生物制药的转变。

通过分析笔者可以发现，无论是恒瑞制药、复星医药，还是扬子江药业和鲁南制药，都有自己的核心大产品。这里我们可以着重分析一下大产品战略。大产品一般需要满足两个条件：一是年销售规模过亿，且过亿是基本门槛，甚至有些产品能够达到几十亿级别；二是该产品在某细分领域市场排名至少前五名，处于市场主导地位。① 随着行业不断细分，许多企业不一定在整体规模上拼得过其他企业，但是可以在细分领域专注打造自己的多款核心大产品，在细分领域上树立起自己的招牌。

---

① 林延军, 沈斌. 医药行业大洗牌与药企创新[M]. 北京: 中华工商联合出版社, 2018.

4.2 暗无天日的第二战场

◉ "噩梦"降临，黑发不再

从上述医药行业的优秀案例来看，这些企业几乎在同一时期经历了急速扩张等阶段，也不约而同地采用了"创造性破坏"的手段，应该说这样的选择是伟大企业与伟大企业家的必经之路。投资新时代药业以来，不断投入的基建资金、设备资金，加之人力成本和资金成本，成了鲁南制药之后 10 多年压在身上最重的担子，仿佛一个无底洞。从公司财务数据来看，因为新时代药业的建设投入，公司现金流长时间为负数，是蒸蒸日上的鲁南制药发展所面临的最大困境。但赵志全在投资新时代药业之后遇到的最大麻烦并不是现金流一直是负数，而是自己的身体以及未来企业如何传承的问题。

2002 年末正是国内"非典"暴发的时候，一场噩梦也同时降临到这个怀揣伟大梦想、坚刚不可夺其志的中年人身上。集团医务室的张传林是 1991 年应届临床专业大学生，他说自己有两个永远不会忘记的日子。一个是当时人事科科长亲自蹲在教育局门口，将自己带到鲁南制药，这是一个他永远不能忘记的日子，因为鲁南制药改变了他的人生。而另一个他不能忘记的日子就是赵总生病的日子。那是 2002 年 11 月的一天，赵总觉得不舒服，胸部一直有点难受，呼吸也不顺畅。

赵志全是个典型的山东硬汉，身体素质也确实非常棒，平时连感冒咳嗽都几乎没有。不仅如此，他还是厂里有名的长跑健将。他酷爱打乒乓球，厂里不论领导干部，还是基层员工，只要有这爱好，等他空闲时，都会约上一起打几局。

张传林说，自己之前也曾苦劝赵总去医院做检查，但他都坚持认为自己身体没事，最终赵总好不容易去了市里医院，检查结果却如晴天霹雳：胸腺癌晚期。胸腺癌是一种少见的纵隔恶性肿瘤，来源于胸腺上皮细胞，最常见的组织类型是鳞状细胞癌和未分化癌，多见于成年男性，平均年龄 50 岁。根据数据，胸腺癌晚期患者因个体差异存活期有所不同，但 86% 的患者在诊断后 5 年内死亡。2002 年，国内医疗水平还比较落后，国人听到恶性肿瘤，也就是"癌症"这个词都是毛骨悚然。如果身边有谁得了癌症，大家的第一反应几乎都是：他还可以活多久？

知道自己患病的消息后，赵志全要求知情者对其病情严格保密。笔者猜想，这可能有两方面原因：一是赵志全一直保持硬汉形象，也是企业中的"大家长"。在中国父母的传统观念中，自己有什么困难，有什么病，不到很严重的程度一般不会告诉孩子，觉得这会拖累他们。这是一种中国式的责任，更是中国式父母的爱。其二，鲁南制药当时是一家近 10 亿元销售额的公司，赵志全是这家公司的主心骨，一直以来的管理模式都是直插到底，从销售到招聘，从资金到采购，从广告到食堂，从研发到基建，几乎每件事都是他直接管理。所以他不能倒，更不能让大家知道自己得了所谓的"绝症"，因为这不仅会让鲁南制药的管理陷入混乱，还会严重影响后续的接班事宜。

有关赵志全病情的保密工作做得很好。据了解，在这家上万人的公司中，也只有专职秘书、后期的生活助理等寥寥数人准确知道这个消息。他当时的秘书是李宝杰，课题组也对李宝杰做了访问。李宝杰是1993年参加工作，最初做的是销售工作。2002年的5月，李宝杰把销售部的工作交接出去，转职行政并专职为赵总服务。2002年底，赵志全确诊。从在上海第一次手术到他去世前的100天，李宝杰作为秘书和他同吃同住，朝夕相处，一共服务了12年。他告诉写作团队，从2002年去上海做手术和化疗开始，赵总就强调无论医生检查结果是什么，都要如实告诉他本人，这样他可以进行相应的分析和判断，这其实说明赵总已经在思考和准备自己的身后事了。胸腺癌手术是全麻开胸，当时龙老师也陪在身边。全麻之前他做了两件事，工作的事情跟副总有一定交代，但也没说得很详细，可能是他当时认为自己还有充足的时间来考察和考虑接班人事宜。另外一件事则是他专门给市委书记做了汇报。从这点上看，赵志全一直就没有把鲁南制药看成是自己或者家族的财富，而是员工和社会的企业。所以他的病情如果有个万一，政府领导必须提前知晓。

赵志全作为医药行业的专家，对治病也非常了解，生病后他也从各类资料文献中仔细研究了自己的病情。他对秘书说，目前癌症没有特效药，最好的方法就是手术和化疗，虽然这两种方法是杀敌一千、自损八百的治疗方案，但从精神上不能畏惧，只要精神上不垮，身体就一定不会垮。他必须像毛主席所教导的那样，在战略上藐视对手，战术上重视对手。虽然赵志全在秘书和众人面前表现出放松的样子，但也必须承认，病魔已然将赵志全这位英雄拖入了残酷的第二战场。他要和疾病搏斗，和生命抗争，和时间赛跑。这是赵志全第一次面对这样的对手。身体的困境、事业的困境、内心的困境，一起压向了赵志全。

家人、同事们逐渐发现，赵志全一头乌黑的头发变成了白发，但他坚持没有告诉大家自己的病情。公司其实也有流言，说赵总生病了，但大家都以为不是什么大事。在给妻女的遗书中，赵志全表示自己每一天都过得很艰难。但他从不愿将这份艰难示人，只是默默承受。2003年初，赵志全在上海做完开胸手术，农历大年初六就执意赶回公司出席业务大会，那时，没有人能从神采飞扬的外表下看出他刚刚经历过的痛苦。在上海做手术的时候，只有他的爱人龙广霞陪在他的身边，公司的同事几乎都不知情。龙广霞说，当他从麻醉药昏迷中醒过来的时候，人显得特别憔悴，麻醉过后伴随着剧烈疼痛，疼得他满头豆大的汗珠往下落，但赵志全强忍着疼痛安慰妻子，让她不要哭，要笑，这样才能给自己正能量。女儿赵龙说，2003年她的爸爸做完开胸手术后的第10天就在病房里召开了领导班子会议，那次手术给爸爸留下了30多厘米的疤痕。

现任副总经理王义忠说："2002年公司刚步入快速发展轨道，赵总查出癌症晚期，那时候新时代药业刚刚奠基。一般人都觉得天塌下来了，但是他从上海做完化疗以后，就通过网络和我们通话，现在想想，他应该是带着假发套和我们讲话。"他不仅要忍受病痛，还要刻意地给大家留下强健的印象。手术过后是一次次化疗，鲁南制药集团司机朱国庆告诉我们："到后来我才知道，赵总是到上海做化疗去了。但那时，基本第二天赵总就回来了，我一直以为他是去出差了。"

● 初心不改，乐观坚强

生病前，赵志全是一个十足的山东硬汉，酒量也很棒。"九六决战"中，9天10城18场酒席，一般人显然无法拿下这样的市场。但他确诊后，就不再抽一支烟，不喝一杯酒，唯一没有改变的就是一如既往地勤奋工作，他把抗争病魔外的所有时间和精力都放在了事业这个第一战场。大家依旧可以看见赵志全在公司办公室里读文件，依旧能听到他在会议上铿锵有力地演讲，依旧能看见他站在业务前线，依旧能发现凌晨3点他还在和业务员、管理层通电话，依旧能看见他在跑道上、乒乓球桌前飒爽的身姿，依旧能听见他爽朗的笑声和严厉的批评，依旧能看见他站在新时代药业基建的工地上挥斥方遒。赵志全和员工们一起打球、跑步，丝毫看不出他是一个病人。因为他总是那样笑声朗朗，积极向上。他的乐观和坚强，让大家坚定地相信："鲁南的脊梁骨——赵志全，一定能带着我们走向幸福！"那个如师如父般的赵志全，即便身处第二战场也依然用行动告诉大家，他仍旧是鲁南制药的主心骨。

你只能从他的遗嘱，从他的爱人和追悼会上女儿的口中知道，患病这 12 年，在第二战场，他很煎熬，他过得很苦，最后离开这个世界，对于他来说未尝不是一种解脱。

在公司经营方面，新时代药业的资金问题一直是赵志全最大的困境。之前也说过，他在用一家 10 亿元销售额的公司，撬动着耗资百亿元的新时代药业产业基地建设项目。但即便如此，赵志全也一直没忘记两件事。

一是对产品质量的严苛追求和对社会的责任担当。公司有一款治疗静脉曲张的特效药，药品原料中有几种比较昂贵的中药，其中有一年原材料成本大增，甚至比药品的销售价格还要高，一度年均亏损 5000 万元。有人建议要么加价，要么降低产品标准或者干脆停产这款药品。赵志全毅然拒绝了这种提议：修合无人见，存心有天知。鲁南制药做药品是治病救人、造福社会，只要病人需要我们的药，只要对他们有帮助，亏本我们也要做，赔钱也要生产。我们有很多赚钱的产品，补上就是了！只要患者需要，患者认可，就是对企业的最高褒奖。

二是对环境和环保的重视。新时代药业生产的产品包含中药、西药和生物药。赵志全向设计公司提出要求：新时代药业必须配备一个万吨级污水处理厂，经过新时代药业处理的污水必须达到一级排放标准，绝不能危害环境，更不能伤害家乡的老百姓。至于要花多少钱，不是你们考虑的问题。2000 年左右，投资一个万吨级的污水处理中心需要上亿元。2007 年，他又投资 9600 万元，建成了占地达 100 亩的大型污水处理站。2010 年，他再次投资 1.8 亿元，建成万吨污水处理站，并通过了"淮河流域污水治理项目"环保验收。赵志全说过："宁让企业亏，不让温河浑。"2005 年，赵志全专门招聘了环保学博士和环境硕士，成立了"污染控制与资源化研究中心"。重金投入，人才投入，终于让鲁南制药排放的污水全部达到国家 A 级标准。今天，在鲁南制药赵志全纪念馆里参观，我们可以看见，新时代厂区的污水处理中心的数据直接和环保局联网共享，一有问题，系统就会直接报警。

12 年来，赵志全一直饱受病痛的折磨，几度病情凶险。但是他仍然一边坚持工作，一边不为人知地进行着各种治疗。他从来没有长期住院治疗过，总是在手术结束不久后就立刻投入工作。2008 年 7 月 21 日，奥运圣火在临沂传递，赵志全担任最后一棒火炬手。可是，7 月 20 日，赵志全却没有出现在圣火传递的排练现场。负责圣火传递的联络人员心急如焚地给他打电话，他在电话里平静地说："放心吧，不会误事儿的！"第二天，赵志全如期出现在圣火传递的现场，意气风发，步伐矫健！圣火传递圆满结束后，他还接受了多家媒体的采访。可是谁也不会知道，就在圣火传递的前一天，赵志全在上海做了肿瘤介入手术，手术一结束，他就连夜赶回了临沂。

赵志全对下一代的教育，也一直很严格。在他的影响下，女儿赵龙从小就养成了自立自强的性格。2005 年，赵龙从北京大学毕业后进入一家律师事务所工作，颇有些志得意满和散漫不羁。

这时，赵志全给女儿写了一封信："我们就你这么一个女儿，希望你能愉快地工作和生活，但不能没有约束，不能自由散漫。既然我能教诲我的员工、引导企业的发展，我也能把一些有益的要求带给你，希望对你的成长有所帮助。爸爸虽不希望你成就什么大的事业、承担过重的压力，但你毕竟得承担比一般人更重的担子！你要知道，所有的一切都要靠你自己的努力。"字里行间，赵志全透露出的是对女儿严格的要求和深切的期盼。在生命中的最后几年里，赵志全的病情总是反反复复，这也成了女儿赵龙心中最大的牵挂。赵龙出国留学后，每次回国，父亲总是在工作之余和她聊聊天、谈谈心。

◎ 英雄离世，时代楷模

赵志全生病的 12 年，实际上也是鲁南制药迅速发展的 12 年。新时代药业刚投资建设时，让鲁南制药负债累累，但到了 2014 年，新时代药业已经成为临沂费县经济发展的龙头支柱企业，当年纳税额达到 3.5 亿元。多少年来，赵志全身体力行着"鲁南精神"，他用坚定不移的信念和傲然挺立的品格，刻画出自己传奇的一生。他的一生，如夏花般绚烂。在赵志全的办公桌内侧贴着"轻松、愉快、不着急"七个字，也许是他太忙碌了，太劳累了，跟疾病的斗争太煎熬了，所以才不断地提醒自己调整心态。

在赵志全生命最后的半年里，这位一米八的高大汉子体重降至不足百斤，胳膊都不能抬，晚上睡觉时，枕头总会被汗水浸透。

赵志全的一位司机因换班一个星期没有见到他，再见面时发现他已经判若两人了。一次，3 岁的外孙女喊着"姥爷、姥爷"，蹦着跳着向他奔来。他高兴地伸开双手，想要抱一抱她。过去，赵志全总是能把外孙女轻而易举地举过头顶，逗得她哈哈大笑。但这一次，他的双手再也没有力气，他努力想要抬起来，双手却仿佛已经不属于自己。赵志全长叹一声，不禁流下了眼泪。这是赵志全坚强的一生中，为数不多的一次流露出了脆弱和无奈。

鲁南制药集团服务中心经理张云修说："赵总的坚强，对工作、对生活的热爱，我深有体会。"2013 年 9 月的一天，张云修陪着赵志全在厂区散步。那天赵志全身体状态比较好，他们沿着厂区走了很远。第二天，细心的张云修骑着自行车丈量了一下当天晚上散步的距离，大约有 1200 米，这对病情日渐加重的赵志全来说，已经是很大的进步了。张云修把这个好消息告诉了赵志全，他高兴得哈哈大笑，尽管他知道自己的身体情况，但还是在尽量保持乐观的精神状态。

在生命的最后阶段，赵志全年近八十的母亲提着一篮子鸡蛋来公司看儿子，但是赵志全却让人告诉母亲他出差了，年迈的母亲只得失望地离开。其实赵志全正藏在房子后面的树荫里，看着母亲。哪怕看不见了，也还是久久地望着母亲消失的方向。他不忍看到母亲伤心，也不想看到员工难过。即使身体支撑不住，也一定要攒些体力，与员工们再次共同进餐。可是体力已经不能支持他迈上餐厅前的那几个台阶，他便索性停在餐厅前，笑迎笑送着与自己同甘苦、共患难的员工们。

2014年11月8日，赵志全突然让女儿回国。匆忙赶回来的赵龙看到爸爸的那一瞬间，简直不敢相信自己的眼睛，才几个月不见，赵志全原本强壮的双腿已骨瘦如柴，体重不足百斤。赵志全攥着女儿的手，虽然没有力气却久久不愿松开，说："坚强！"这句话像是在鼓励女儿，又像是在鼓励自己。赵志全最后告诉女儿，自己没事，让赵龙返回美国。当晚临睡前，赵龙走出父亲的房间，父亲微笑的眼神、慈爱的面容，在她的眼前挥之不去。于是，她停下脚步，转身，再次回到赵志全身边，深深地亲吻了父亲的面颊，没想到，这竟成了父女的永别！在赵志全生命的最后几天里，身体十分虚弱，但他仍然坚持夜以继日地工作，直到临终前还在批阅文件，还在深深地记挂着他曾经奋斗过、挥洒过青春汗水的鲁南制药和他深爱的所有员工。现在赵龙更加深切地体会到，父亲对她和母亲的爱。只是在小家与大家之间，赵志全毫不犹豫地选择了大家。赵龙的奶奶曾经告诉她，别的婴儿来到这个世界上都是紧握着双手，像是要向这个世界索取什么，而赵志全来到这个世界的时候双手却是平摊着的，这也许是在冥冥之中注定了赵志全这一生是奉献的一生、不求索取的一生。他用自身的实际行动，实现了"穷则独善其身，达则兼济天下"的人生理想。

2014年11月14日深夜，费县城郊的鲁南制药集团新时代药业，57岁的鲁南制药集团董事长、党委书记、总经理赵志全离开了这个世界。他最后放在办公桌上的是一份公司人事任命书、一份提高职工待遇的计划书、一份科研项目的审批书、一封留给妻女的遗书、一张写着《粉红色的回忆》《兄弟干杯》《兄弟抱一下》《忘忧草》《掌声响起来》五首歌曲名字的便条……这就是他对世间最后的牵挂。

"不要试图给你的生命增加时间，而要给你的时间赋予生命"，赵志全的超然离世为这句话做了最好的阐释。这让我想起了美国柯达公司创始人乔治·伊斯曼的类似行为。1932 年 3 月 14 日，卧病多年的乔治·伊斯曼在美国罗切斯特的家中勇敢地结束了自己的生命，当时，这位 78 岁的大众摄影之父只留下一句遗言："我的工作已经完成，还等什么呢？"赵志全看着让秘书打印出来并且签好字的遗嘱，读着遗嘱上一个个熟悉又亲切的名字，最后写下那最喜爱的五首歌的歌名时，是不是也有这样的自言自语呢？

在 2014 年 11 月 18 日的告别仪式上，人们从全国各地乃至海外赶来，久久不愿离去。殡仪馆的道路两旁，神情肃穆的人们排起了长龙。寒风轻托起手中的挽幛，泪水沾湿了胸前的白花。

鲁南制药宣传部刘玉民部长告诉笔者：当时公司领导和家属也遵从赵总的遗愿，葬礼一切从简，所以并未在公司和社会层面通知，只告知了家人和赵总比较亲近的朋友、同事。公司原本计划准备 3000 份家属答谢卡，但宣传部几位同事一商量，万一来的人多，没有答谢卡未免有些失礼，所以又私下里印了 6000 份，一共是 9000 份，公司还准备了 1 万朵菊花，准备每人一朵。结果告别会那天，加印的答谢卡和菊花早早便发完，可还有源源不断的人，自发从四面八方赶来给赵总送行。作家杨文学在报告文学《使命：时代楷模赵志全》中说："要让一个人或几个人感念你，可用小恩小惠；让成千上万的人感念你，必须靠大德大爱……"为赵志全送行的日子，没有组织，没有号召，1.3万人的送葬队伍，是沂蒙人从未见过的情景。成千上万人满怀留恋与不舍、崇敬与爱戴，送别赵志全。

2016年9月，中宣部追授赵志全"时代楷模"称号。"时代楷模"是由中宣部集中组织宣传的全国重大先进典型。"时代楷模"这个称号充分体现了赵志全"爱国、敬业、诚信、友善"的价值准则，具有很强的先进性、代表性、时代性和典型性。

赵志全用27年的时间，把一个净资产19万元、濒临倒闭的小厂建设成为一个职工1万多人、净资产60亿元的现代化制药集团公司。他用行动回答了"如何做人、如何做企业家、如何做新时期共产党员"的问题，为新时期沂蒙精神做出生动注解。赵志全还曾获得过全国劳动模范、全国杰出青年企业家等称号。

以上文字是中宣部授予赵志全"时代楷模"称号时的解读，但从鲁南人的嘴里、从赵志全纪念馆的一件件物品和记录的一次次事件里，从笔者调研的一个个案例里，我们有理由相信他的优秀事迹不仅于此，他曾有多个机会把这家巨型企业收入囊中，事实上同时代很多企业家也都这样做了，但赵志全却把这个奉献了一生的企业，还给了社会，还给了企业的员工们。他没有别墅、豪车，也没有把自己的亲人安排在公司，几乎没有给家人、亲人谋一分私利。虽然病魔早早结束了他的一生，但在经营企业、造福社会方面，赵志全已经实现了自我价值，他人生的宽度无愧于"时代楷模"这一称号。

4.3 以"时代楷模"精神凝聚鲁南文化

从承包经营到赵志全病重的岁月里，赵志全一直就像一个大家长，全身心投入鲁南制药的发展和经营。他不仅为企业创造了巨大的物质财富，更谋划了超前的发展战略，建立了一套适合企业发展的体制机制，更留下了一种永远传承的"鲁南精神"。这种精神升华成为鲁南制药的文化：不怕困难，挑战困难，战胜困难。这种精神源于赵志全的性格，源于他一次又一次面对困难时的坚持，也是对赵志全整个人生的写照。

过去的经验和成果凝铸成今天的鲁南精神，这种精神是鲁南制药的企业文化，也是鲁南人的魂。就像电视剧《亮剑》中，独立团团长李云龙所说："一支具有优良传统的部队，往往具有培养英雄的土壤。英雄或是优秀军人的出现，往往是以集体形式出现，而不是以个体形式出现。理由很简单，他们受到同样传统的影响，养成了同样的性格与气质。任何一支部队都有着它自己的传统。传统是什么？传统是一种性格，是一种气质！这种传统与性格，是由这种部队组建时首任军事首长的性格与气质决定的。他给这支部队注入了灵魂。从此不管岁月流逝、人员更迭，这支部队灵魂永在。这是什么？这就是我们的军魂。"同样的道理，一家企业的文化、企业的魂，也是企业的首位领导者赋予的，是其个性和一生经营、奋斗、拼搏、成长的凝练。所以为什么说"鲁南精神"？因为它不仅是企业发展的提炼，更是对赵志全整个人生奋斗拼搏历程的凝练。面对事业，他可以舍家忘我、披肝沥胆；面对病魔，他也可以无所畏惧、抗争到底。所以说，事业、病魔两线作战显示了赵志全伟大的人格魅力。这种力量、这种奋斗经历所形成的企业文化和灵魂，不会因赵志全的离开而消失，而是依旧会影响着一代又一代鲁南制药的经营者、管理者和普通员工。

企业文化的作用，就是通过特定文化和行为准则，让员工更加坚定地认同企业的价值观、信念、符号和处事方式。鲁南制药的特有文化也为鲁南制药的快速发展提供了深厚的基础。企业研发一种药品，所考虑的应该是药品对患者的价值和疗效，产品能够为这个社会带来什么样的好处，而不是研发过程中有什么样的困难和阻碍。鲁南人以"不怕困难，挑战困难，战胜困难"作为坚定的信念，而这种精神推动着员工和企业的发展永不停歇。发展期间，鲁南制药的企业规模不断扩大，员工人数不断增加，赵志全虽然已经无法用过去的方法广泛接触员工、指导员工，但却用他的身体力行和不断批评指正来带领他们。

课题组认为，鲁南制药在制度权威的基础上，逐渐形成了文化权威，这种权威是内生的，可以推动员工和组织自我激励和成长。在工作中，只要是符合鲁南制药文化和价值观的，那么他所想、所说、所做的就拥有文化权威，也极容易被大家认同。文化权威甚至是可以挑战其他权威的。在鲁南制药的传承选择上，笔者认为，接班人是否有这种内生的文化权威是赵志全考量的一个重要标准，比如接班人是否认同和接受自己的价值观和公司的文化，是否能自我激励和成长，所作所为是否能得到大家认同，等等。

另外，网络上一直有争论：赵志全怎么会以一纸遗书完成企业的传承？这是否有把企业当儿戏的嫌疑，真的合适吗？笔者认为，一个人领导一家企业 27 年时间，从最初的所有权权威和人力资源权威，到集 6 种权威于一身，哪怕在病重期间，也能凭借着自己的权威在新时代药业的专家楼里遥控指挥着上万人和规模庞大的企业正常运转，这就说明他有这种自信。凭借着自己在鲁南制药的权威他可以这样做，所以他的选择会继续得到大家认同，至少在比较长的一段时间里，大家会尊重和支持他的选择。而接班人要做的，就是在这段信任和权威的延续期内，建立自己的权威。和赵志全当年从承包经营，到扭亏为盈，到走出困境，再到走向辉煌一样，接班人需要通过自己的努力最终赢得大家的认同。

第五章
赵志全经营智慧总结与反思

　　我深深地爱着我们鲁南和每一名员工，执着追求着鲁南富强的不灭梦想。多少次风雨兼程，多少个不眠之夜，多少酸甜苦辣，多少悲欢离合。无论风雪严寒，无论炎炎盛夏，一年一年，一天一天，一时一刻，期盼着明天会更好，期盼着鲁南会更好，期盼着每一名员工会更好！

——赵志全

孤独站在这舞台，听到掌声响起来

我的心中有无限感慨，多少青春不在

多少情怀已更改，我还拥有你的爱

——五首歌之五《掌声响起来》

改革开放后的初代企业家们普遍出生于20世纪四五十年代，他们这代人面对突如其来的社会变革再也无法安于现状、囿于贫困。即使是再求安稳的人，也必须想方设法跟上时代的发展步伐。整个社会躁动不安，人心热切，思潮涌动，可哪一个不是摸着石头过河呢？一切都如混沌初开。相同的成长环境和时代背景让这代人有着共同的命运，集浓重的家国情怀、强烈的理想主义、使命感、领袖欲和奉献精神于一身，实业报国、造福社会往往是他们共同的追求。同时，经历过"文革"的他们又普遍具备强烈的政治敏锐性，对权力、对体制、对政治等有着超乎寻常的认知。

山东是孔孟之乡、儒家思想的发源地。长久以来，儒家文化浸润着这片大地，潜移默化地影响着历代人民的价值观念和行为模式。而近代以来，沂蒙地区又被誉为"两战圣地、红色沂蒙"，而爱党爱军、开拓奋进、艰苦创业、无私奉献"的沂蒙精神与井冈山精神、长征精神、延安精神、西柏坡精神一样，是中华民族宝贵的精神财富。生于斯、长于斯的赵志全从小受这种地域文化和精神的熏陶，又经历过时代的洗礼，身上兼有两者的浓重烙印。在赵志全身上，我们看到的是兼具时代特色和沂蒙文化的企业家精神和行为模式。赵志全是一个矢志前行的逐梦人，志之所趋，穷山距海，不可阻挡。"不惧狂澜走沧海，一拳天与压潮头"，这就是他们那代人的写照，靠着一种革命者的勇气劈波斩浪。何其幸也，他们赶上了中国百年来国运蒸腾日上的时代，自然也不会辜负这个时代。

笔者怀着崇敬的心情重温赵志全一生的奋斗历程，逐一分析、探讨他在每一个历史节点行为举措背后的动因，努力还原他的经营智慧以飨世人。

图 5-1 可以看作本书对赵志全企业家精神和经营智慧的总结。

图 5-1 赵志全企业家精神和经营智慧总结

　　"天行健，君子以自强不息；地势坤，君子以厚德载物。"纵观赵志全主政鲁南制药的 27 年，仁爱心和恒毅力是其不变的企业家精神内核。"仁爱"是儒家思想的核心和基础，而通观赵志全经营鲁南制药的全过程，"仁爱"之心也一直是他所有行为举措的基本逻辑，贯穿始终。

　　从早期的"为员工创造美好生活"，到近年来的"造福社会，创造美好生活"，鲁南制药的经营宗旨虽然一直在提升进化，但一心为公、以大众福祉为己任的仁爱之心从未改变。赵志全投巨资建设职工公寓、幼儿园等设施，办集体婚礼，设业务家属委员会等解决员工后顾之忧；建体育馆，办运动会、春节晚会、元宵灯会等丰富员工业余文化生活；建图书馆、电子阅览室，搞专业技能大比武，促进员工学习成长。这些都是赵志全"依靠职工办企业、办好企业为职工"朴素思想的落实。赵志全还反复强调："企业经营的最终目标是培养和造就人才"，把员工的成长设为鲁南制药的头等大事和终极目标。他为了满足患者需求亏本销售"脉络舒通"；为避免企业急功近利，为了集中精力于产品质量之上，他毅然停掉央视广告；为避免污染，下马红霉素生产项目；"宁让企业亏，不让温河浑"；等等。这些事迹则充分体现了鲁南制药的社会责任感。正是一心为公的企业宗旨的确立和始终如一的贯彻执行，奠定了鲁南制药长期健康发展的稳固基石。

　　日本是世界上长寿企业最多的国家。据日本 NHK 纪录片《日本企业长盛不衰的奥秘》的调查数字：日本创业 100 年以上的企业多达 5 万家。为什么日本企业多能长盛不衰？研究发现，因为这些长寿企业普遍秉持"三方好"的经营理念。所谓"三方好"即"买方好，卖方好，社会好"，三者缺一不可，否则企业无法长期存续。这其中，社会好是基础和前提，如果企业不能给社会造福，甚至有害于社会，那就宁可不办！丰田公司的经营宗旨"创造财富，贡献于社会"，松下公司的经营宗旨"力图社会生活之改善和提高"，都是这一理念的典型代表。

同样的，世界上的大部分知名企业都秉持造福人类、助益公众的企业宗旨或使命。如迪士尼公司的使命是"使人们过得快乐"，达能以"通过食品为尽可能多的人带来健康"为使命，飞利浦的使命是"通过有意义的创新改善人们的生活"，华为的愿景是"丰富人们的沟通和生活"，阿里巴巴的使命是"让世上没有难做的生意"。

企业家要践行自己的使命和价值观必须付出超过常人数倍的心血和努力，这就牵涉到企业家精神的另一个维度，那就是恒毅力。美国心理学家安琪拉·达克沃斯在她的专著《恒毅力：人生成功的究极能力》中，对恒毅力有这样的描述：无论什么领域，极成功的人都拥有强烈的决心，他们的决心以两种方式呈现，一是过人的坚韧和努力，二是他们打从心底认定，这是他们想做的。他们不只有决心，更有明确的方向。就是这种热情与毅力的结合，使这些人出类拔萃。[①] 以一个词来形容，他们"恒毅力过人"。企业要做强、做大、做久，必须有强烈的使命感和社会责任感，只有这样才能有效激发员工的"超我"意识，形成信仰一般的精神引领，并且应避免沉迷于物质环境、纠结于情绪纷扰而无法自拔。同时，服务于客户、回报于社会的做法也会得到客户和社会大众的信任和回馈，保障企业健康稳定发展。

5.1　独特的领导风格

◉ 企业家的政治智慧

赵志全经营鲁南制药也绝非"在商言商"地单纯追逐经济效益，而是致力于构建一个利益共享、精神互通、荣辱与共的大家庭，一个他心中的"理想国"。这应该就是他的社会情怀。

鲁南制药，是赵志全实现人生抱负的舞台。在这里，上万人获得收入，摆脱贫困，过着充实而忙碌的生活，逐步实现自己的人生价值。在这里，几千个家庭安居乐业，繁衍生息，幸福美满。纵观这 27 年里赵志全的所作所为，无一不是在为了实现这个梦想而努力奋斗。即使身患绝症，依然不惜己身、忘我工作，直至生命的最后一刻。鲁南制药，就是赵志全矢志建设的"理想国"。

20 世纪 80 年代，正是计划经济向市场经济逐步转型的时代，经济体制变革可谓波涛汹涌，这个"理想国"的建设不仅需要强大

---

① 安琪拉·达克沃斯.恒毅力:人生成功的究极能力[M].台北:台湾天下杂志出版社，2016: 28.

的管理能力，更需要敏锐的政治触觉和政治智慧。无论是前文所提到的，在竞标药厂的承包权时，在"九六决战"对赌药厂的控制权时，还是在留下遗嘱，将董事长、总经理和党委书记三大职位传给继任者之时，赵志全都充分展示了他异于常人的政治智慧。

◉ "大家长"式的强势领导

在鲁南人眼中，赵志全永远是一位"大家长"的形象。对基层员工关心爱护，对中高层严格要求，虽然表面上是区别对待，私下里却是同样的拳拳关爱之心、谆谆呵护之情。鲁南制药的基层员工从来不怕赵志全，因为董事长跟他们的交流永远是和颜悦色，只会夸奖和鼓励他们，只会去努力了解他们的困难并给予帮助，这让基层员工们都渴望凝聚在他身边，为企业的发展共同拼搏、一起奋斗！公司里只有中高层干部怕他，因为他对工作高标准、严要求，干部做错了就会挨骂！可同时，他们也"享受"这种挨骂，因为这种骂的背后隐藏着赵总对他们的期许和信任，这既是一种鞭策，更是中国传统家长"关爱"孩子的一种特殊表现方式。

鲁南制药的老员工都知道，赵志全对企业的管理非常强势，公司里大小事项几乎都是他一言而决，除了研发工作存在一定的商量空间外，其他方面的决策都是不容置疑的。对于他的工作安排，下属们理解要执行，不理解也要执行，更没什么讨价还价的余地。虽然在决策之前，他也会通过各种渠道、各种方式来收集信息，但这些决定，绝大部分都是他独立做出的，一般不采取"集思广益"或者"民主决策"的方式。

从科学管理的角度来说，过于强势的管理弊端很多：它会打击员工的主动性，钝化员工的思维能力，养成员工的依赖心理，降低员工责任意识，进而剥夺员工的成就感。如今的互联网公司几乎已经看不到强势管理的影子，如国内互联网三驾马车 BAT（百度、阿里巴巴、腾讯三家公司的简称）都以人性化管理和宽松的工作氛围而著称。而国外的谷歌、脸书等公司更是尊重自由和个性管理文化的典型代表。

但改革开放早期的企业家大部分都采取了强势的管理模式。巨人集团史玉柱、娃哈哈宗庆后、复星集团郭广昌、潍柴动力谭旭光、海螺水泥郭文叁甚至富士康郭台铭等等，这些业界大佬无一不以强势管理而著称。这些企业也一直都发展得很好，成为各个行业的龙头和标杆。那么，这种管理模式是否恰恰折射了这个时代独一无二的特点呢？改革开放初期，由于社会长期在计划经济模式下运转，人们都是按计划、按指令工作甚至生活，思维普遍还比较保守，缺乏创新思考的主观能动性。这种思维惯性或者说社会氛围导致整个八九十年代的大部分成年人还是循规蹈矩，集体观念强而个性弱，执行能力强而创新思考弱。这一时期的企业或许正是需要"英雄"式的领导和强势的管理模式，统一思想，减少"杂音"，以领导者自身的智慧统御组织运转，实现高效的决策和执行。虽然这种管理模式会因为领导人的"一意孤行"而产生很高的风险，但在那个社会发展变化迅速、机会繁多却稍纵即逝的年代，因决策效率低而错失良机带来的危害反而更加致命。迟宇宙先生在《宗庆后：万有引力原理》一书中总结道："在中国（改革开放初期）这样特殊的历史文化背景下，干事业都需要强势领导，领导者必须大权独揽，才能镇得住局面，才能不受干扰地决策，才能指挥各路诸侯，才能使各路人才凝聚成一股力量，朝着一个目标奋斗。"[1]

而80后、90后这一代人从小的成长环境则大不一样，他们具备极强的个性元素，需要被尊重和赋予权利，渴望一种民主的管理和决策环境，这也就出现了鲁南制药新媒体部郁杰那样的管理思路："90后不需要管，给他们好的机制和平台，他们会自我管理！"

强势的管理模式在人才培养方面带来的后果往往是大部分中高层管理者忠诚度很高、执行力很强，但工作主动性弱、创新性不足。当然，也会有一小部分个性鲜明的管理者顶住压力，在不断的冲突、妥协和迂回中坚持自己的主见，他们磨炼了意志，创新了方法，开拓了格局，成为更卓越的领导者。所谓"宝剑锋从磨砺出，梅花香自苦寒来"，没有权威、压力和困难做磨刀石，哪来的削铁如泥的"宝刀利刃"！

总体来看，强势管理需要以卓越的个体优势（如人格魅力）为基础，单纯的强势是不可持续的，具有极大的个体局限性。而

---

[1] 迟宇宙. 宗庆后：万有引力原理[M]. 北京：红旗出版社，2015：144.

随着时代变迁，人们思维模式、价值观念的不断变化，民主式的管理和生态合作逐渐成为主流，强势管理也将逐渐成为历史。

◉ 永不言败的拼搏精神

"不怕困难，挑战困难，战胜困难"是鲁南制药的企业精神，更是赵志全自身特质的写照，前文已经多次强调，在这里笔者仅做简单补充。

在鲁南制药所有员工的心目中，赵总是一个从不服输的人，他一直都是那样活力四射、热情洋溢！在他的词汇里从来就没有"失败"这个词！即使是身患癌症，他也几乎每年都参加公司的五一运动会，乒乓球、长跑，都是他的拿手项目。一到赛场上，他立刻生龙活虎。2014年，虽然他身体已经吃不消了，但他还是坚持来到运动会现场，甚至还拍着刘忠博士的肩膀说："刘忠，明年我要和你一起跑，我肯定能跑过你！"

2014年，即使在病重期间，赵志全也从来不愿在人前显露他脆弱的一面。曾有一位高管未经许可去探望他，看到了他憔悴的一面。行动艰难的赵志全因此大发雷霆，把这位高管训斥出去，自己则在房间让亲人给他换好服装，整理好仪容才出来跟这位高管见面，并要求他回去安心工作，不要没事惦记着自己的身体。

这一桩桩、一件件的事迹立体地勾画出赵志全作为鲁南制药当家人"艰苦奋斗，永不言败"的高大形象，更是激励着一代又一代的鲁南人积极进取，奋发向上。

◉ 勇于担当的献身精神

赵志全在 1987 年的承包竞标报告中如此写道："我们是企业的主人，改革的成败关系到药厂的生存和发展，也关系到每个人的切身利益，我们都有义不容辞的责任。药厂需要改革，改革需要我们献身。"此后的 27 年里，他一直以身作则、勇于担当，用自己的实际行动践行着自己的献身承诺！

鲁南制药在赵志全手上获得了新生，这是所有鲁南人和外部知情人的共识。换作其他人，这个企业早就被控制人收入囊中，成为个人私产了，鲁南制药也早就成了家族企业。然而事实是：截至赵志全去世，他和妻子手中持有的公司股权都不超过 8%。其他大部分股权都分散在公司员工和社会股东手里。同时，除了妻子龙广霞管理着公司附属幼儿园外，公司高层管理者中没有一个是他家的亲戚。妻子龙广霞也是早期就加入了公司，原本按照她的工作贡献早该晋升高层了，可赵志全则说："开会时夫妻两口子都坐在主席台上，让下面员工怎么看？怎么想？"这种种迹象表明：赵志全呕心沥血、苦心经营的鲁南制药，只是被他当作"成就个人梦想"和"造福社会，为员工创造美好生活"的有效平台，而非牟取个人私利的工具。"极心无二虑，尽公不顾私"，这便是赵志全在鲁南制药的真实写照。

鲁南制药强大了，员工富裕了，然而作为公司的总经理，赵志全却从没在公司多拿钱，更没有因此而开始注重物质享受，过上纸醉金迷的生活。随着鲁南制药不断发展壮大，员工住房条件越来越好，大部分员工都住上了 100 平方米以上的房子。而作为总经理的赵志全却先后 6 次放弃分房的机会，2005 年前一直住在早期的一套使用面积 40 多平方米的旧房子里。在公司业绩有所起色之后，公司先后为副总经理和业务骨干们配上了奥迪等高档轿车，而赵志全的座驾，依然是那辆跑了 60 多万公里的普通桑塔纳！经过几次大修，那车开起来仍不免全身漏风！

从青年时代起，赵志全就是一个勇于担当、敢于迎接挑战的人。从义务担任药厂文化课补习班老师，到蹲守上海机械厂厂长家门口两天两夜采购到了紧缺的机械设备，再到带领安装工人"黑白颠倒"一周完成一个车间的设备安装任务，他总是冲在最前线，挑难度最大的活干。在拿到药厂的承包权后，他更是以厂为家，全身心地投入工作。鲁南制药的销售工作也一直都是由赵志全亲自抓。在早期，每天晚上他都是守在电话机前，听前线业务员一个一个给他汇报当天的市场开发情况，他会给业务员分析局势并提出指导意见。无论多晚，他都要跟每一个业务员沟通一遍，全面收集市场一线信息，制定和部署应对措施。

据鲁南制药工会主席李兵回忆：在"九六决战"之后的几年里，他有几次下午到赵志全办公室，看到赵总躺在沙发上，面色憔悴，想坐起来都困难。他跟李兵诉苦道：感觉自己前两年累过头了，怎么歇也歇不过来！

5.2 超前的战略思维

◉ 专注主业，与产业共同成长

在赵志全承包药厂的 27 年里，鲁南制药实现了华丽蜕变。在这一发展历程中，赵志全专注于医药行业，以超越时代的前瞻性眼光和跨越地域的宏大格局引领着鲁南制药的发展，踏准了社会进步的鼓点，走对了行业发展的节奏，把握了时代更迭的关键要素。

前文已经讨论过，赵志全对于房地产业的火爆不屑一顾，他当初还说过："制药我们都还没做好呢，搞什么房地产！""不忘初心，方得始终。"以赵志全的商业头脑，如何会看不到房地产行业赚钱快、赚钱容易。然而赵志全经营企业的宗旨始终是"造福社会，为员工创造美好生活"，而不是简单地"赚钱"！

同样的诱惑也曾摆在华为任正非的面前。21 世纪初的几年里，"小灵通"因为技术难度低且符合市场需求的特性而迅速崛起，UT斯达康作为代表企业在不到 3 年的时间内就实现了销售额超百倍的增长，在通信行业一时风头无两。开发"小灵通"的技术难度对当时的华为来说并不高，然而任正非却因其不符合技术发展趋势而力排众议，坚持聚焦于 WCDMA 的研发。眼看着"小灵通"市场发展得如火如荼，而华为却在 2002 年首次出现负增长，任正非背负着巨大的压力，甚至因此患上了严重的抑郁症。然而正是他的坚持换来了华为的技术积淀和后来的厚积薄发。2005 年开始的"小灵通"市场断崖式下跌也验证了他的深远眼光。

企业多元化是一个"魔咒"！很多企业做大之后为了防范风险就会开启多元化投资之路，然而开展多元化业务的企业真正能够长盛不衰的却凤毛麟角，反而是那些在专业化道路上一条道走到黑的企业往往能够长命百岁。医药行业内大名鼎鼎的三九集团在20世纪90年代可谓风光无限。鼎盛之时甚至在纽约时代广场上设立了第一块中文广告牌。然而三九集团却将疯狂并购当成了企业快速发展之道，正是因为陷入了快速扩张、多元发展的泥沼，风险无法得到有效管控，最后企业债台高筑、分崩离析，最终走向艰难重组，其董事长赵新先也因"国有公司人员滥用职权罪"锒铛入狱。

◎ 创新发展，攻克原研药高地

纵观国内知名的制药企业，它们大都经历过仿制药同质化竞争激烈、利润水平低、出口受限的切肤之痛。所以它们重视研发、专注创新，希望在原研药上有所突破，实现从制药大企到医药强企的转变。恒瑞医药作为国内医药行业创新领域的领头羊之一，连续多年被福布斯列入全球创新力企业百强榜。2021年中国企业上该榜的企业共有7家，恒瑞是唯一一家医药企业，其2020年研发投入49.89亿元，占全年销售额的18%。广药集团的研发团队由两名诺贝尔奖得主、16位院士领衔。迈瑞医疗以代理进口监护产品起家，在赚得第一桶金后，也坚决走上自主创新的研发之路，近 3 年间研发投入占销售额比例始终保持在 10% 左右。

相比上述三家企业，鲁南制药在研发上的投入资金绝对数值略有差距，然而对比鲁南制药的发展阶段和规模体量来说，赵志全在研发投入方面的魄力毫不逊色。

研发首重人才。为吸引高端科研人才能够落户北方小城临沂，赵志全使出了浑身解数：2004 年，他就组建科研部，开出远高于自己收入水平的薪资来吸引博士、硕士加盟；他建起了条件优越的博士楼，为博士配置专车，甚至为了让博士、硕士们能安心工作，他又建起了最好的幼儿园，招聘最优秀的老师来安置科研人才的宝宝们。

当然要让研发出成果，仅仅让科研人员安心工作还远远不够，先进的科研设施和充裕的科研资金配置是基础。为此，即使在新时代药业建设期间资金极度紧张的情况下，赵志全都要挤出足够的资金投入研发。从 2001 年以来，鲁南制药每年科研经费的投入都占销售额 7% 以上，最高时达 18%。

这里还有一段佳话，赵志全曾经为了留住一对博士恋人，付出满腔诚意投资 5000 万元为他们筹建实验室。笔者也访谈了这对博士夫妻，他们现在依旧工作在鲁南制药的科研岗位上，已成为研发带头人和高级管理者。

这对夫妻的丈夫叫刘忠，2004 年由赵志全亲自面试进入公司，用他自己的话说，他是赵志全一点点培养起来的。本来他也没想过要留在这里，因为当时博士在国内还比较少，找工作比较容易。

机缘巧合，刘忠博士论文答辩完之后恰逢鲁南制药到学校招聘，招聘的人说：你可以来企业转转，我们提供来回路费和住宿。刘忠刚好有两个月时间是空余的，而且他也没来过沂蒙山地区，就来转了一圈。当天到了之后，下午赵总就亲自面试。给刘忠最深刻的印象是，当时人力资源部部长带他进了赵总的办公室，人力资源部部长给刘忠拿了把椅子，刘忠坐下后，人力资源部部长却在旁边站着。赵总在对面站着，然后就是聊天的形式。赵总面试没有提专业问题，而是像拉家常一样，问了他一些问题，比如他是哪里人等。赵总希望刘忠到公司来："你来我们这里搞研发吧，我们渴望创新，希望有专业的人才来给我们创新，做出新产品，非常欢迎你。你来了，想做什么事，我就给你建什么样的实验室，你需要什么我就给你建什么。"

当时刘忠是一个博士刚毕业的学生，他的心思就是：一定要做自己想做的事，而且要做与自己专业相关的事。本来他还想进高校做研究，但到了这里，听了赵总这样的一番话之后，刘忠说："感动，的确是很感动。当时我就决心想来，当然回去之后又经历了很多挣扎。"他在鲁南制药到处转了转，感觉总体环境不差，虽然当时的新时代药业建得没有现在这么大，也没有现在这么好，但是整个企业规模也不小。刘忠觉得这个企业还是很有发展前景的。他还检索了这个企业在整个医药行业中的排名，也很好。其实当时刘忠面试的药企很多，也有比鲁南制药规模更大的企业，但最后，还是赵总的那番话让他选择了这里。

刘忠说："其实和赵总相处得非常好！研发人员所有的工作都亲自向他汇报，他能抓住研发中很专业的东西。"有时候他们去汇报工作，赵总说到很多前沿的知识，比研发人员都清楚。按说刘忠很专业了，但是赵志全比他更了解前沿的信息，能说出很多专业的药物，甚至包括还没有上市的，还在临床阶段的药物（其实这缘于赵志全有一个信息团队，团队的检索能力要比单个研发人员强，检索的信息也比较全）。

刘忠还告诉笔者，赵总对研发人员的态度，跟对管理人员的态度完全不一样。大家都知道，赵志全在公司管理中是大家长式作风，对管理层的要求特别严格，虽然是对事不对人，但管理层都知道赵志全的暴脾气，那些不中听的言语和批评都是家常便饭，遇到有些子侄辈的年轻人，甚至动手揍两下也是有的。当然，这种气是家长对孩子般恨铁不成钢的气，是怒其不争的气。但刘忠说：对研发人员，他虽然也有急躁的时候，但很少训大家。只有在实在是我们的错误，他觉得非常不好的地方，才会训研发人员。在公司遇到研发人员，他永远都那么和蔼可亲，常常笑着说："干啥呢，最近忙不忙，累不累？累了歇两天。"赵志全对科研从来不给压力，除非是迫在眉睫，一天要损失很多钱的事情，他才会催研发人员："你抓紧干，这是我们的新产品，你一定能做出来！"刘忠说：赵总越是相信你，如果你没好好干，辜负了赵总的信任，心里就越难受。所以公司的研发人员都很有压力和拼劲。这种压力是自己给自己的，而不是老板给员工的。人都有惰性，越是给你加压，可能你越会反抗；而越信任你，你越是不想辜负这种信任。

刘忠的妻子最后也加盟了鲁南制药。2005年底，他的妻子赵丽丽从中科院生化所博士后毕业，已经到美国亚特兰大埃默里大学工作，并有机会获得美国绿卡。赵志全答应拿出上亿元为她成立生物催化实验室。最终，她也选择了鲁南制药。"赵总对新技术敏锐的判断力，令人钦佩。现在的一些热门科研项目，我们早在五六年前就已立项研究了，所以这让我们在同行业内总能高人一筹。"赵丽丽说。2013年，刘忠获得了"山东省五四青年奖章"；2020年，赵丽丽也获得了"全国劳动模范"称号。夫妻俩直言不讳地表示，这些荣誉全部要归功于赵志全。提起当年赵志全的知遇之恩，刘忠夫妻心怀感恩。同时，在这份感激背后，又满是愧疚。生物制药研究周期长，有可能7年，甚至10年。赵丽丽说："没能让赵总在有生之年看到我们的研究成果，我心里很难过、很愧疚。"

目前，鲁南制药是国家创新企业、国家火炬计划重点高新技术企业，设有五大国家级技术研发平台。近年来公司先后承担研究课题300多项，其中国家科技支撑计划、国家863计划、国家973计划、国家重大新药创制专项、国家火炬计划、国家重点新产品计划等项目50多项，120项科技成果通过专家鉴定，45项达到国际先进水平，61项达到国内领先水平；科学技术奖131项，其中国家技术发明奖1项、国家科技进步二等奖7项、山东省科学技术奖 22 项。正是赵志全在位期间持续不断的高额研发投入以及其他方面的努力，才取得了以上优秀成果，并保证了鲁南制药这些年来新药、特效药层出不穷，后续潜力药品源源不断的局面。

● 优化品类，三大支柱常青

经历了 50 多年的不懈努力和奋斗，鲁南制药逐渐明确了自身的发展战略，明确了产品的总体布局，那就是"保持化学制药优势、大力发展中药、做强生物制药"。

改革开放之初，由于中成药存在作用机理不清、制药工艺落后、生产过程质量控制粗放等问题，整个社会歧视中医药，歪曲中医药，甚至排斥中医药。而西医以其精准明晰、广谱速效等特点迅速被国人所接受和推崇。这期间，国外知名药企纷纷在国内设立合资企业，中国大冢、上海施贵宝、无锡华瑞、西安杨森等都是在 20 世纪 80 年代建成投产。到 20 世纪末期，世界排名前 20 位的著名药企都在国内设立了独资或合资企业，以先进的技术、现代化的制药设备、科学的管理以及超越时代的市场手段对传统中医药企业进行了降维打击。西药成为 20 世纪后期医药市场的主角。据统计，从 1990 年到 1997 年，全国医药总产值的年增长率为 15.5%，而其中化学药品的年增长率为 17.22%，超出平均水平近 2 个百分点。

1987 年，郯南制药厂将满 20 岁了，然而简陋的车间和设备、僵化的体制和机制、落后的技术和人才，再加上发展平缓的中医药市场却让这个企业步履维艰。在承包经营郯南制药厂以后，赵志全迅速觉察到了西药市场的发展势头，在稍微赢得一丝喘息之机后，他立刻开始谋划建设西药生产车间。图 5-2 为 1985 年到 2019 年间代表年份的中西药产值及所占比例图示。从图中我们可以看到：1996 年之后，西药在鲁南制药的收入份额中已经超过一半，而且在之后的时间里不断扩大规模，逐步占据了压倒性的优势。中药产值虽然也在逐年增长，甚至增幅也不小，但却远远落后于西药的增长率。

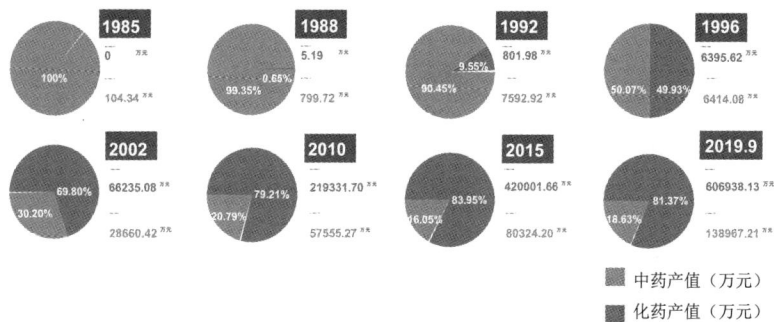

图 5-2　鲁南制药中西药产值及销售比例

西药市场虽然高速增长，规模迅速扩大，但因国内西药普遍为仿制药，同类药物之间缺乏专利壁垒，所以西药市场竞争激烈、利润过低且出口受限。如果继续坚持西药一头独大的局面，就会陷入成本和渠道竞争的陷阱，而十几年前鲁南制药品牌知名度还不够高，在与各大著名药企、合资药企的抗衡中不占丝毫优势。

这时候，中药市场重新引起了赵志全的重视：发展拥有自主知识产权的现代中药，不仅可以避开激烈竞争和知识产权的束缚，将来还可以出口，成为进军国际市场的一支"突击队"。这一优势正可以弥补西药产品的不足。

进入 21 世纪，在经历了多年的混乱状态后，中药市场开始走上规范发展之路。2002 年 6 月，国家药品监督管理局施行了《中药材生产质量管理规范（GAP）（试行）》，这标志着中药质量从源头上有了制度保证。同期，中国中药制药装备企业围绕制药工艺、制药工程及 GAP 认证要求大力研究新工艺，开发新产品，使中药生产工艺水平实现了跨越式的提升。

与此同时，传统中药老字号也纷纷发力，为中医药正名。同仁堂、云南白药、东阿阿胶等大量中药老字号以优秀的产品和卓著的疗效不断开拓市场规模、扩大群众影响，借着中国传统文化复兴的东风，重新为广大人民群众树立起了"中药治本""中药副作用小"等思想观念。

综合以上因素，赵志全敏感地意识到中药市场的"春天"来了，鲁南制药要想成就"百年品牌"，中药就要重新成为鲁南制药的支柱产品。至此他下定决心，于 2006 年启动了厚普中药生产线的改扩建工程。当然，中药的研发上市一直存在周期长的问题，我们从图 5-2 中看到，直到 2019 年中药产值所占比例才开始有所回升。

早在 20 世纪 90 年代末期，生物制药的快速发展就引起了赵志全的注意。生物制剂以仿制难度大、靶向性好、选择性好和副作用少等优点受到了制药企业的青睐。从 1998 年开始，生物医药产业产值连续 6 年增长速度保持在 15% ~ 33%，从占全国医药工业总产值的不足 4%，迅速提升为占比超过 8%。他敏锐地感觉到这是个好东西，鲁南制药要成为药界"常青树"，就绝不能错过有潜力的发展方向，必须把它规划进鲁南制药的"大盘子"，从而实现西药—中药—生物制药的全面产品布局。

● 重视品宣，营销模式与时俱进

借助央视广告提高品牌知名度

在改革开放初期的十几年里，受计划经济的惯性影响，大部分企业对电视广告的作用还不是很重视，医药企业更是如此。即使是 1988 年三九胃泰请著名演员李默然在央视做的广告取得了良好的效果，广大药企对此也仍然不够重视。然而，不知是否受上述事件的启发，出身沂蒙老区的赵志全却毅然在 1990 年就把银黄口服液的广告插播到了央视热播的电视剧《渴望》中，哪怕当时的广告费要花掉全厂员工一个月的工资，哪怕当时全厂员工无一人能理解他的做法。然而结果出乎所有人意料，广告的效果立竿见影，再加上 1991 年一场流感席卷长三角地区，银黄口服液因疗效突出销量猛增，那一年鲁南制药的销售额突破了 2600 万元，这对当时鲁南制药的员工来说真是想都不敢想的数字！仅仅 4 年，药厂就从年产值 300 万元跨越到了 2600 万元，鲁南的员工沸腾了！然而此时的赵志全却冷静了下来，没有夸大广告的作用，反而大谈特谈产品品质。他在总经理讲话中谈道："我们必须明白一个起码的道理，企业的利润，是靠产品的品质取得的，广告只是它的一种宣传方式和促销手段。我们是制药的，我们的目的是在造好药、治病救人的基础上赚取利润，在产品质量创新上下功夫，这才是长久之策。单纯放大'罗马可以一夜建成'的狂热理念，最终的结局就是企业被吹得越高，摔得越重。药效和品质不实的药品，产得越多，给社会造成的危害就越大。"

营销方式与时俱进，接轨国际先进模式

国内传统医药市场销售基本都是采用客情推广的模式，即通过跟客户搞好关系，获得客户的认可和信任，从而达到推销药品的目的。长期以来，学术推广都是外资药企在开拓市场时采用的重要手段，国内药企使用较少。所谓学术推广，就是以药物特性和临床医学使用价值为关键，提炼出颇具竞争能力的产品特性，通过多样化的渠道与医生、病人沟通，让医生和病人知道药物的作用机理及适用范围，从而达到宣传推广和传播医药品牌的目的。

后来随着两票制、零差价销售、4+7带量采购、新医保目录等的执行，医药界掀起了翻天覆地的变化，学术推广模式争相被国内各药企采用。大家逐渐淡化了以前"做关系更容易起量"的观念，纷纷效仿外企开启了学术推广的营销模式。

早在2009年，一次偶然的机会让赵志全意识到了学术推广的价值。他发现通过学术推广可以客观、全面地传递医学和产品信息，树立品牌专业形象，同时突出产品优势，加深客户对产品的理解，从而与销售人员互为补充，合力促成业务成交。于是他迅速在销售公司内部成立学术推广部，专门负责公司药品相关理论和知识研究，分门别类形成专业的介绍材料，并通过各种渠道进行宣讲推广，从而拉动市场需求，实现销售提升。2017年之后，学术推广部改为市场部、医学部，学术推广已经成为鲁南制药最重要的市场推广手段，相较于大部分国内医药企业，鲁南制药在这方面领先了近10年。

不因短期损失而放弃销售渠道

到过鲁南制药的人都会记住脉络舒通这款药，它是治疗静脉曲张的特效药，主要成分是水蛭和蜈蚣。在赵志全纪念馆中是这样介绍的：由于水蛭、蜈蚣价格猛增，成本利润严重倒挂。仅2013年到2015年，这个产品就亏损了1.5亿元。这个故事前文也已经说过，赵志全当年是这样说的："只要患者需要，咱们赔钱也要生产。我们有很多赚钱的产品，补上就是了！患者认可，就是对企业的最高褒奖。"

通过对赵志全生平事迹的了解，笔者认为，他这样选择是因为情感因素，然而抛开这个因素，这样的行为也符合鲁南制药的长期发展需求。脉络舒通这个产品虽然短期内是亏钱的，但它却保持了对多种药品经销渠道的占领，同时在消费者心中树立鲁南制药"良心药""特效药"的光辉品牌形象，有效地提升了鲁南制药品牌的知名度和市场认可度。脉络舒通的亏本销售可能体现的不仅仅是一个企业家的良心，更体现了他敏锐的市场洞察与远见。

5.3　人本理念的实践

◉ 知人善用，重视员工品德

　　鲁南制药新员工入职都要先到生产一线工作半年以上才被允许转岗、竞聘到其他岗位。鲁南制药的管理层选聘不看员工原来学的是什么专业，而是看员工想做什么工作，适合干什么工作。鲁南人认为：在生产一线工作一年当然可以让刚参加工作的大学生真正了解和熟悉基层工作的细节，有利于他们后期的工作，但更重要的是这一年相对枯燥的基层锻炼，能让他们浮躁的心慢慢沉静下来，真正从一个较长的时间段来思考自己的职业发展，制订长远的成长规划。而不是刚工作就被纷繁复杂的工作任务和目标迷花了眼，做事情急功近利。赵志全的用人理念，不局限于一时一事，而是把员工放到他职业生涯的长河里去培养他的心性，衡量他的特质适合干什么。这也验证了他一直坚持的"企业发展的最终目标是培养和造就人才"的理念。

　　赵志全喜欢重用有个性、实干型的干部，这些干部能及时发现问题，敢于承担责任，做成大事。这与其强势的管理风格形成了鲜明的对比：工作中，他要求下属严格执行指令，不允许质疑他的决定。然而真正遇到能够坚持己见又能讲出道理来的员工，他又会特别重用。这其中，集团现任董事长张贵民、副总经理张理星都是典型的代表。笔者在调研中了解到，张贵民在管理研发部门时，关于工作安排都会有自己的主见，当与赵志全意见不一致且沟通无果时往往会固执地坚持自己的做法，当然也会勇于承担相应的结果。同样，张理星也是敢在赵志全面前坚持己见的人，甚至出现当面争吵的情况。对于这类员工，赵志全非但不会弃之不用，反而特别欣赏他们认真负责、敢于坚持己见、勇于担当的精神，先后提拔他们为副总经理，直至用遗嘱分别推荐他们任董事长和董事之职。

赵志全对员工道德品质看得极重，要求员工对企业忠诚，对家庭尽责，对朋友信义，对工作有担当。他自己更是以身作则，一辈子没有不良嗜好，没有花边传闻，对家庭、亲朋好友都尽职尽责。同时，对于违反上述原则的人他持零容忍态度。课题组在访谈时有员工回忆起曾经有某车间主任工作能力非常强，带的团队不但凝聚力强，而且员工成长非常快，现在公司好几位中高层都是他带出来的。但因生活作风有问题，被赵志全坚决辞退，多少人去说情都无济于事。在赵志全的全面倡导和亲身示范之下，鲁南制药员工的家庭普遍都很稳定，幸福指数普遍很高，成为社会羡慕和学习的榜样。

● 惠泽员工，提升生活品质

走进新时代药业的大门，仿佛走进了一处植被茂盛的森林公园。在这里，绿树掩映、繁花似锦，人与自然和谐相处，完全颠覆了传统制药企业的形象。从访谈中笔者得知：在建设新时代药业时，鲁南制药就着重保持了原有自然地貌，并依托山川、河流等有利环境，把园林化、生态化作为企业发展的总体目标之一。自2002年开工建设以来，集团共投入绿化资金过亿元，新栽植各类苗木300余种、200多万株，绿化率达98%。早在2008年，新时代药业就被授予"山东省工业旅游示范点"。在中国传统文化中，"天人合一"是终极追求，而新时代药业的厂区就是"天人合一"的现实样板，也为员工提供了一个格外幸福的生活和成长环境。当下国人越来越重视绿化和工作环境，20年前赵志全立志打造8600亩花园厂区的超前思维无疑令人钦佩。

赵志全经常说"依靠员工办企业，办好企业为员工"，他也是如此践行的。如前文所提到的，在企业稍有起色之后，他就先后投入巨额资金建起员工公寓、幼儿园、体育馆、游泳馆、篮球馆、网球馆、保龄球馆、乒乓球馆、职工礼堂、舞厅、电子阅览室等设施。这些设施的建设，解决了员工们的后顾之忧，丰富了员工的业余文化生活，大大提升了员工们的生活品质。褚时健曾经说过："伟大的企业不仅要让员工拥有富裕的物质基础，更要让员工拥有丰富的精神财富。"在这方面，赵志全无疑有着相同的认知。

1988年是赵志全承包企业的第二年，那时的企业刚刚走出破产的困境，但日子过得仍很艰难，而赵志全不顾众人反对租借了临沂地区最大的体育场，举办全厂职工运动会。很多人不理解，认为他瞎胡闹，搞形式主义。然而赵志全却依然故我，带着一脸的微笑，意气风发地带头参加各种赛事。估计在那个时候，他就打定主意，要在办好企业、提高员工收入的同时，让广大员工能够拥有丰富多彩的精神生活。

随着公司规模不断扩大，经济实力不断增强，鲁南制药为员工提供的福利和组织的集体活动也越来越丰富：员工每年都有一个月的带薪假期，休假期间还发放一笔旅游费用。每年公司还要组织一次集体婚礼，参加婚礼的员工不但各项费用由公司承担，而且还能收到公司发放的红包，享受两周假期。公司每年还组织五一运动会、厂庆和春节晚会等活动。除了这三项全员参与的大型活动外，公司还组织各种小范围的活动，像才艺比拼、技能比武、厨艺比赛、健跑马拉松、专业知识竞赛等等，多得数不过来！而且每项活动公司都设立奖项，以充分调动员工的积极性。每当说起这些，参与笔者调研活动的基层员工都双眼放光，争相发言，幸福和自豪的感觉溢于言表！

5.4 赵志全时代的经营管理反思

鲁南制药独特的非血缘传承模式和治理模式，将在本书最后两章重点展开讨论。在写作过程中，无论是通过调研获取的一手信息，还是查阅得到的二手资料，都向课题组展示了赵志全勇敢果毅、坚持不懈的完整形象。这里所谓的完整形象就是指，赵志全的经营理念和智慧是围绕他的精神内核——仁爱心和恒毅力的几个方面共同构成一个整体。无论是赵志全独特的领导风格、超前的战略思维，还是他不断提升市场和研发"两轮"驱动的管理能力，实践人本理念，抑或是非血缘团队接班和打造事业平台，这些要素互相支撑、互相强化，形成了鲜明的鲁南特色，并且在以张贵民为代表的新鲁南人身上得到了更好的传承和发扬。

有关中国企业家素质，厉以宁先生有一个"特殊环境下的植物"的比喻非常形象："植物分两种，一种是在正常条件下生长的植物，另一种是在特殊环境中生长的植物。什么叫特殊环境中生长的植物呢？耐旱、耐涝、耐高温、耐严寒、耐霜冻。外国企业家都是在正常条件下生长的植物，因为那里宏观经济持续正常，法制法规健全。而中国的企业家都是在特殊环境中生长的植物，中国的企业家经过的环境，外国人根本想不到。"① 外国企业家如何笔者不做评论，但是在特殊环境下能够长期顽强且可持续成长的中国企业家，除了拥有一般企业家所有的企业家素质以外，往往还具备一种独特的忧患意识和社会责任感。什么是忧患意识？简要地说，就是特殊时代的紧迫感和民族危机感。临沂作为革命老区，多年发展较为滞后，这样的"土壤"为什么就能孕育出像赵志全这样具有大智慧和大格局的优秀企业家呢？这个问题本身就值得深思。同时，笔者也坚信，任何事物都有它矛盾的两面，赵志全和鲁南制药远不是十全十美的。笔者尝试着去分析赵志全在经营管理鲁南制药过程中必然存在的一些不足，这些不足能否改进应该也是未来鲁南制药能否进一步发展的关键。

① 厉以宁. 中国企业家有标准吗？[J]. 中外管理，2000(9):20−31.

⊙ "人治"还是"法治"

在鲁南制药调研期间，笔者试图收集制度汇编等管理文件，以分析总结赵志全的管理思想。然而笔者得到的答案是"未曾系统整理过"。当笔者问起公司的日常经营管理流程时，答案是"主要以中层请示汇报和赵总批示指示为主"，其他只有非常基本的管理制度和流程。

课题组接触过很多从创业初期向规模化晋级的中小企业，普遍都存在这种以"人治"为主、"法治"为辅的现象。很多年来，大小企业主都喊出了"制度大于总经理"的口号，但民营企业迈向现代化企业管理的步伐仍然困难重重。从2004年起，鲁南制药销售额基本就已经跨上了10亿元大关，在之后的十几年里更是突飞猛进，到2014年接近60亿元关口。而在此期间，鲁南制药的日常运行主要还是依靠总经理的个人决策，这也直接导致赵志全每天要工作十五六个小时，一年工作365天。

企业在创业阶段，无"法"可依，业务的推进和管理往往带有浓厚的企业家个人主义色彩。初始阶段这种模式的确可以帮助企业家更好地树立个人权威、降低企业管理内耗。以某个人为核心的强情感联结也极大提高了团队凝聚力和工作效率，使得团队管理除了企业家本人外相对扁平。然而，这样的"人治"极大地依赖于企业家本人的综合能力和认知品行，不仅会因丧失对管理者的权力监督而无法保障小股东的利益诉求，而且企业发展规模化也提高了以管理者为核心的决策成本。更重要的是，"治人不世出，治人之子不必贤"，对个人能力和品行的依赖无法保证企业交接班的稳定延续，没有制度的筛选培养和纠错就无法保障每一位接班的"人治"者均能不弱于前一代领导者，更遑论企业要在时间的不确定洪流中永葆基业长青。反之，如果一味强调规则而忽视领导人的企业家才能和对团队的凝聚作用也失之偏颇，规则具有时效性与针对性，只有充分结合凝聚企业家才能、精神和文化的"人治"与以规则和制度为核心的"法治"，使二者相互制约、相互赋能，才能让企业在不同阶段以较强的灵活性和规范性去面对日益复杂的发展环境。

因此，当鲁南制药发展到一定的规模，相对健全和规范的管理制度和流程是十分必要的。大量重复性的事项处理需要以制度流程的方式固化下来，分层授权，分散决策，避免所有事项都要经过层层传达、顶层决策，将所有压力集于管理者赵志全一身，这样才能提高决策效率，培养和锻炼中层干部的能力，同时也将管理者从繁重的日常琐事中解放出来（只需处理重大事项和重要的非常规事项），将更多的时间和精力投到企业的战略性思考中。

◉ "业务做到了全国，观念突破到了哪里"

1990 年，赵志全就提出"跨过长江去，占领全中国"的口号，从此进军全国药品市场的序幕被拉开。到"九六决战"时，鲁南制药的药品已经打入了全国大部分省市的市场，与医药行业领先企业同台竞技。然而与疾风骤雨式的市场开拓比起来，鲁南制药内部的人才培养和市场拓展观念却依然保守。

一直以来，赵志全都坚持自己培养所需要的各类人才，招人只招应届毕业生。而员工成长也主要以师傅带徒弟的方式"慢火烘焙"，自然成长。可是看看同时代的其他企业，特别是各行业的优秀企业，都已纷纷建立"走出去，引进来"的人才培养机制：骨干员工派出去学习，优秀讲师或同行请进来讲课，充分利用开放社会的丰富资源，组织形式多样的学习活动，加速员工成长，促使他们快速成才。保守的人才培养模式虽然稳定可靠，但无法借助其他相关者的平台和资源为人才培养注入更多活力，不仅储备人才的成长空间受限于鲁南制药本身的发展，人力资源管理的规范化、体系化以及与战略的适配性也有所不足。

鲁南制药的发展，可以用"自力更生，艰苦奋斗"这8个字来概括。企业发展的每一分钱，都是自己努力赚得的，几乎没怎么借助过外力。这也造成了在2002年新时代药业奠基以来的十几年里，由于固定资产和研发投入巨大，公司的发展可谓步步艰难，资金极度紧张。那么，同一时期的同行企业都在干什么呢？成立于1994年的复星医药如今已是中国领先的医疗健康产业集团。2002年到2004年期间，复星充分利用改革开放的政策机遇，先后参与了药友制药、桂林南药、万邦医药的改制重组，迅速扩大了规模，并初步形成了公司药品研发与制造的全产业链雏形，为后期的快速发展奠定了坚实的基础。除了通过收购兼并迅速扩大规模，实现药品布局的方式，恒瑞医药、海正药业等公司纷纷进入资本市场，通过 IPO 方式上市融资，迅速提升资金实力，在研发和规模扩张上大力投入，逐渐拉开与竞争对手的距离。当然上市也是一把双刃剑，有药企通过上市快速成长，也有药企上市以后沉迷于资本市场的翻云覆雨而慢慢忘却了初心。

2004 年，在赵志全的指示下公司成立国际业务部开始开拓国际医药市场，可直到 2014 年出口金额仍然不足 3 亿元，而且其中还是以原料药出口为主。课题组在访谈时了解到，在成立国际业务部之初，由调研部转岗而来的 6 名员工对外贸业务所知甚少，完全是摸着石头过河。在之后的十几年里，国际业务部也没引进几个外贸的专业人才。而赵志全对出口业务虽然有一定期望，却没有给予足够的重视和支持。例如，2005 年前后，正是山东省外贸系统各进出口公司分崩离析、业务人员大量出走单干的年代，如果这时鲁南制药把开拓国际业务放在了举足轻重的战略地位上，完全可以引进一批外贸业务人才，快速打造一支专业出口团队，实现出口业务的突破。分析总结历史过程，课题组只能得出赵志全对国际化"重视不足，投入不够"的结论。

◉ 社会"包袱"重不重

来鲁南制药调研的第一天，课题组就看到了鳞次栉比的员工宿舍和漂亮的职工幼儿园。第二天更是在新时代药业的厂区参观了设施先进、规模宏大的体育馆和宾馆等服务设施。笔者在赞美感叹、羡慕鲁南制药员工的幸福之余，心头也不免泛起疑问：这要投资多少钱？后期维护费用多高啊！

鲁南制药的员工自豪地告诉笔者：公司先后投资 8 亿多元，建设员工公寓 3000 多套；投资 8000 多万元，为员工子女建起了两座现代化幼儿园；投资 2 亿多元，建起了临沂市最好的体育馆、游泳馆、篮球馆、网球馆、保龄球馆、乒乓球馆、职工礼堂、舞厅、电子阅览室等公共设施。

计划经济时代的大中型国企都有企业办社会的传统。托儿所、幼儿园、小学、食堂、招待所、职工活动室、澡堂等都是那个时代国企的标配。在那个产品、服务都紧缺的年代，企业办社会是解决员工后顾之忧的唯一途径，这些条件的配备，也确实大大提高了员工的幸福指数。然而改革开放之后，这些职能部门纷纷从企业剥离，这部分固定资产也大多对外出租或者出售，由专业的第三方组织经营，面向社会大众提供服务，实现集约化使用。新成立的企业再也没人给自己背上这样沉重的"包袱"！难道他们不知道这些条件的具备会让员工更有归属感、更幸福，工作起来更没有后顾之忧吗？他们当然知道，只是一个参与市场充分竞争的企业负担不起！只能把这些推给社会，以货币化手段在企业外部寻求解决。

鲁南制药配备的这些设施，即使不算建设阶段的巨大投资，后期的运营维护费用也是极为惊人的。若非因鲁南制药有丰厚的毛利，其他如家电、纺织服装等传统行业的企业都是负担不起的。但无疑，在山东临沂这样一个有着特殊历史文化背景的地域，对赵志全这样一位有着异于常人的敏锐目光和责任担当的企业家来说，满足员工的物质条件和精神需求不仅仅是为了在那个人才匮乏、工资水平低下的年代为地处偏僻小城的鲁南制药吸引人才、提升员工凝聚力，为员工谋福利、带员工谋发展更是办企业最重要的初心与使命之一，所以他兢兢业业、肩负重担当了27年的鲁南大家长。

然而在改革开放40多年后，在整个社会，包括临沂都已发生了巨大变化的今天以及在未来的几十年内，这些福利是否能始终如一地发挥它的积极作用？是否能始终如一地与人才发展需求和人才激励相匹配？答案也只能由时间来验证。

从新制度经济学的角度，作为外人很难说清楚企业的有效边界究竟在哪里，企业是否应该拥有某项员工生活服务设施，以及是应该免费提供还是有偿服务，是全额免费还是部分收费。笔者在不同地区调研的过程中发现，越是经济发达的地区，企业周边提供社会服务的中小企业就越多，获得这些服务也就越方便，价格也越是低廉，因此企业越是会把这些服务外包出去或者直接去市场上购买。这说明，企业的成长与企业所处环境的不断成熟发展完善是息息相关的。

因此，本书高度肯定其人本精神和社会责任担当，但至于鲁南制药应该如何更好地处理企业经营的目的与边界，提供保障的方式如何随时间动态演变，就交给市场去回答，而这恰恰是"鲁南模式"带给我们的价值深思。

本书的目的是还原一个真实的赵志全，让人们真正认识到他是一个有血有肉的、真实的人，同时也给那些学习"鲁南模式"、学习赵志全的个人和企业以提醒，赵志全的部分做法仍然存在其个人局限性和时代局限性，在借鉴优秀企业家精神和管理智慧的同时要避免全盘照抄、邯郸学步。而赵志全和鲁南制药能够吸引课题组来做这一深度案例研究的主要原因，却是在 2014 年 11 月 14 日通过遗嘱完成的非血缘传承，这是鲁南制药发展历史上的惊人一跃：这既是赵志全作为一个优秀企业家和"时代楷模"的高风亮节，也是鲁南制药集团所面临的独特治理危机，其中的经验教训值得我们认真复盘和分析。

第六章

张贵民时代的传承与创新
（2014 至今）

天若有情天亦老，人间正道是沧桑。

——毛泽东《七律·人民解放军占领南京》

轻轻敲醒沉睡的心灵，慢慢张开你的眼睛

……

玉山白雪飘零，燃烧少年的心

……

日出唤醒清晨，大地光彩重生

让和风拂出的音响，谱成生命的乐章

……

让我们期待明天会更好

——《明天会更好》

6.1 张贵民领导下的鲁南制药

在遗留下的人事任命书中，赵志全指定了新的领导班子，一个没有任何自己亲属的领导班子，里面没有出现妻子的名字，也没有出现女儿的名字。在此前，他曾嘱咐从事公司后勤工作的妻子内退。更令人惊诧的是，赵志全生前没有向自己选择的继承人，后来的新任董事长、党委书记、总经理张贵民透露过半点消息。从那张遗嘱任命里，张贵民才知道自己将要肩负起带领这个沂蒙山区最大纳税企业继续前行的使命！张贵民1993年大学毕业后投身鲁南制药，是从车间基层一步一个台阶地干起来的。他是鲁南制药科技创新的领军人物，也是"国家百千万人才工程"人选。张贵民说，他与赵志全非亲非故，受此重托更加感受到赵总崇高的品德和坦荡的襟怀，以及他对企业及员工的那份责任。至此，人们终于理解了赵志全，这是一位彻彻底底的改革者。在弥留之际，他以非家族传承经营权的方式，写下了现代企业改革的新篇章。

遵循赵志全的遗愿，2014年末，张贵民成为鲁南制药新一届的领导人，并且集董事长、党委书记、总经理于一身。张贵民在公司2014年工作总结会议上说："这一年，我们卓越的领路人、鲁南的精神领袖赵志全同志永远离开了我们，但是赵总为我们留下了宝贵的物质财富和无尽的精神财富。我们缅怀赵总最好的方式就是化悲痛为力量，把赵总未竟的事业，把赵总为鲁南规划的宏伟蓝图付诸实践，把鲁南的伟大事业坚定不移地进行下去。"

2014年底，鲁南制药完成当年总产值63亿元，营业收入不含税54亿元，上缴税金7.9亿元，利润6.1亿元，银行存款2.1亿元，总资产91.2亿元，员工近万人，平均年收入5万元。全年共获得生产文号2个，临床批件5个；新开展临床品种3个，完成临床试验的品种3个，已经开展继续进行的临床品种7个；完成17个新药和仿制药生产资料的审核和上报；完成12个新药临床资料的审核和上报。全年申报发明专利74项、香港专利5项；成功获得27项发明专利证书、4项香港专利证书。这一切的数据看着都那么美好，但从2002年开始，新时代药业的扩张和投入从未停止，鲁南制药财务负责人告诉笔者："赵总去世的时候，我们的负债还有20多亿元呢。"张贵民接任了赵志全的职位后，全面继承了老领导的经营路线和理念，在公司组织架构、部门和人员方面，并未做重大调整，赵总生前或遗嘱中的人事安排也都一一执行；也未改变公司的产品布局，依旧是"保持化学制药优势，大力发展中药，做强生物制药"，并不断投入资金搞科研，引入更多更高层次的科研人才。毕竟张贵民是技术出身，更加深知科研和人才对医药行业的重要性。

张贵民在当年的年度工作报告中认为：2014年，市场增长速度与公司发展目标仍有差距；员工的整体素质与公司发展需要之间的矛盾仍然突出，员工安全教育需进一步强化，员工专业技能培训质量有待提高；药品GMP管理理念需进一步加强；创新能力、研发速度和效率需进一步提高；部门间的协调和配合需要加强；人事制度和分配制度改革需进一步深化，考核和评价制度需细化和完善；监督约束机制有待加强，员工的积极性、主动性有待提高，工作质量和效率需进一步提高。这其中提及的市场业绩、员工素质、培训、创新研发效率、人事分配制度、考核评价体系、工作积极性和质量等都是他上任后主抓的重点工作。

在张贵民看来，上一位领导人为鲁南制药奠定了雄厚的发展基础。鲁南制药不仅要实现赵志全提出的百亿鲁南梦想，更要走向千亿、基业长青，成为真正的百年品牌。只有这样，才能让鲁南制药发挥更大的社会价值，才能让鲁南制药走向世界，为整个世界带来安康。张贵民在鲁南制药的商标下加了一行字"鲁南制药，健康世界"，这是他给鲁南制药百亿目标定的新目标、新战略：千亿鲁南，百年鲁南，健康世界。

6.2 为什么选择张贵民?

如前文所述,赵志全是个有魄力、眼光独到的人,对自己的判断力极为自信。虽然张贵民是技术领头人,有自己在专业知识和技术业绩上的影响力,并由此也得到了大量员工的认同,但笔者还是十分好奇:赵志全为什么会选择张贵民呢? 他和其他人相比有什么不同? 赵志全有没有对其能力做过测试? 能让张贵民脱颖而出,并且打动赵志全的性格和品质又是怎样的呢?

为了解答这些疑问,课题组专门与张贵民进行了交流。他说: "现在回想,这其中是有很多故事的。例如,公司的全部副总都配车,而我在 2009 年就升了董事、副总经理,赵总却没给我配车,也没有任何解释。既然他不给配,我也就不提了。之前每天骑自行车上下班,后来去了新时代药业,因为家在城区,我就坐班车到新时代药业上班。"这是一个事例,可能是在测试或者考验张贵民的心性。

在交流中,笔者问张贵民:你认为赵志全从一开始就想好让你做他的接班人了吗? 他笑着回答:"我认为赵总选人是个动态过程,而不是静态的。其实我倒认为,他 2002 年选的绝不是我,2003 年、2004 年、2005 年也不是,选我可能是 2009 年之后的事情,也有可能是 2006 年,2006 年他提名我做监事会主席。之前没有任何征兆,只是通知我开会,我也不知道我是监事会主席。所以说这可能是个预兆,真的要说没有预兆也不现实。反正从 2006 年到 2009

年，我干了一届监事会主席。2009 年之后，公司高总退休，就直接提名我做董事、副总经理。"

张贵民继续笑着说："当然这里面赵总也多次'折磨'备选者，我可能是最经得起折腾的人。赵总可能砍出 50 刀，别人都被他砍死了，最后只有我还活着。所以我想他不给配车就算了，我也不会找他要，真的无所谓。遇到董事会开会，我就 9 点回临沂开会，开完会 11 点坐班车回费县上班。我认为所有的高管一直都有平等的机会，但是就看谁能坚持到 2014 年那个时间点。可能也是命运使然，再过 3 年他也可能不选我，这都很正常。"

"多次折磨""经得起折腾""无所谓""没说感激的话""坚持"，这是张贵民对话中的一系列关键词，这是他回溯过往给自己贴的标签，这些标签应该就是赵志全甄选接班人的标准。赵志全办企业的初心是一切为了大家，办好企业回馈社会，他肯定也想找一个具有相同初心和特质的人接班。他选人的眼光独特，对很多干部都是一眼相中，但在接班人的甄选上，他还是慎之又慎，"折腾"来"折腾"去。因为这是赵志全为鲁南制药，为全体同仁所站的最后一班岗，这支接力棒关系到上万员工的家庭和生活。另外据张贵民说，他是鲁南比较少见的敢于直面老板要经费的人，其他人的话，老板说不给就不敢要了。但他一旦坚定目标要把事做成，就会一直问老板要钱，并且不怕被拒绝。因为他要钱是要做事。

其实赵志全在 2002 年生病之后，最重要的使命就是找到合适的接班人。这种筛选，笔者有理由认为他一直都在进行。在工作中，他植入了很多考验、各种试探，但被筛选的人大多不知不觉，并不知道赵志全在考验他。因为一旦被考验的对象知道他的目的，心态就会发生变化，最后赵志全的考验也就无法达到他想要的结果，而被考验的人也会更痛苦。

张贵民说："当监事会主席的时候我才三十七八岁。虽然说整个鲁南制药的管理者位置相对都是虚职，因为赵总的管理风格比较集权（前文也说过赵志全是家长式的领导），但这个职位仍然代表了一个符号或标签，就是代表能够进入高层会议更全面地了解公司。当时在这个岗位上其实什么也没干，就来回开会签字，也没什么决策权。他去世后，我一直在想，可能我比较有耐心，也比较耐敲打。为难也罢，敲打也罢，都能比较平和地对待。现在来看，其实赵总还是植入了很多考验，包括耐受性等各方面，有时甚至是故意冤枉。就算赵总冤枉了我，我也不会怎么样。有时候明明做对了，但赵总说我做错了，我也不会直接说，但是我会用自己的工作方式来证明我没错。"

"另外，赵总对员工往往态度亲切，和风细雨，但对管理层就不一样了。遇到不满意的事，他就成了易燃易爆炸的火药桶，对干部格外严厉。"张贵民回忆道，"赵总对我说过最严厉的一句话是——'张贵民，你什么也干不成。'他写在一张纸上送给我，现在原件还留在我的办公室里，一直放在我办公桌抽屉里。当时他安排了一项工作，由其他人去汇报，于是他收到的信息不完整，就简单下了这么一个结论，根源是信息不对称。"对张贵民来说，这很伤人，伤了自尊。张贵民后来也找到给赵志全汇报工作的同事了解相关情况。事情大概是这样：赵总当时对某个产品提出了2吨的产量要求，汇报的人却对他说，张贵民认为只能产出20公斤，要产出2吨是不可能的。笔者觉得，这件事是因为赵志全对张贵民寄托了极大的希望，相信他能够挑起重担，并且通过这种方式来刺激他，从而观察他的行为和表现，所以这也很可能是一种考验。

张贵民在访谈中说，他现在回想起来，这件事确实很可能是赵总的一种试探和考验。赵志全在观察自己是会放弃，还是会过去和他争论，或者是暴跳如雷阐述自己的无辜，等等。张贵民说，现在想想，赵志全当初对很多管理层人员都做了类似的压力测试，诸如是否敢担责任、揽事情，又或者是一件事明明没做错，赵总也会非常严厉地说："我说你错了，你就是错了，回家写检查。""赵总经常这样，让大家反省自己有没有错误。"张贵民认为，"其实很多事，只要你参与了就会有错，就是愿不愿意承担责任的问题。"人无完人，怎么会没错呢？一个人可能99.99%正确，但那万分之一还是会有错。所以张贵民觉得没必要去和赵总争，更不会说"我就是没错，凭什么让我写检查"之类的话，而是真切反思，下次如何才能做得更好。

张贵民说："2008年，重大新药创制这种大项目都有我的参与，但任何一个项目评不上，我都要写检查。当然，赵总对我的检查还比较认可。只有得到他的认可，写检查才有用。赵总更在意的是，我有没有更宽广的胸怀去考虑问题、接受问题，并且能够批判自己。无论站得多高，都会有错误。另外一点，鲁南制药的经营宗旨是造福社会，创造美好生活。站在整个社会的角度，你的社会贡献肯定还不够，做得更好也许可以影响全世界60亿人，但现在只影响了3亿人。这就是赵志全考虑问题的角度。"

从其他员工和张贵民秘书那里，笔者了解到：张贵民其实在很多地方是个和赵志全非常相似的人。他是一个非常独立的人，有着同样倔强的性格。早期干部们都拉帮结伙聊天喝酒的时候，他也不愿多跟其他人交流，每天一个人骑自行车或坐公交车上下班。他工作特别勤奋，当社会上还在争论"996"工作制的时候，张贵民的工作时间早就是"777"了，即一周工作7天，每天早上7点上班，晚上7点下班，每年364天，只有在新年休息一天。张贵民很少应酬，几乎每天都能在食堂见到他端着盘子和员工一起打饭。记者或是媒体想要采访，只要去餐厅找他即可。他对工作也很专一，从进厂做到副总，一直都踏踏实实。他一直负责科研，对产品非常了解，从药物研发到企业未来发展都能侃侃而谈。在调研团队和张贵民的数次交流过程中，几个小时里他从不接电话，也没见他拿出手机。从这些点点滴滴的行为中可以看出一个人的思维方式，张贵民的特质是专业、目标感强、低调、踏实、事业心强、执着、有狠劲。张贵民当副总、监事会主席，代读经营报告，赵志全都选择有意识地少接触、多批评、少表扬，但暗中观察其品行。严，观其心；放，观其行。张贵民接受了考验，符合条件。从经营能力的角度看，当时的张贵民未必是最佳接班人人选，但是考虑到鲁南制药作为一家药企，现在和未来的产品线就是发展的生命线，赵志全在布局新时代药业生产基地的同时花了更多的精力和更长的时间部署产品线及其研发，因此，把企业交给负责研发的张贵民符合鲁南制药的发展方向和需要。

那么，赵志全为什么对张贵民如此有信心，但在最后的时间里没有直接和他做细致的交代，或者为什么不提前几年宣布这个决定，对张贵民扶上马送一程呢？换个视角看，赵志全是一个大气有胸怀的人，可是在其承包经营、全力推动改革的过程中，尤其是最困难的时期，他面对的干扰太多，因此他必须运用一些谋略去控制企业，掌握发展企业所必需的核心权力。没有这些动作，就没有后来的领导环境。可是赵志全并不想这样，他只想做一位不怕困难、挑战困难、战胜困难的勇者。

从赵志全的视角来看，未来的鲁南制药也可能会发生两种变局：一是由张贵民以外的人接班，虽然可能利益平衡和权力的过渡会相对平稳，但如果新的领导团队私心多于公心，鲁南制药未来很难有发展前途，更不会有人大公无私地将赵志全生前的宏图伟业继续发扬光大；二是由张贵民接班，虽然会导致更多对立者，但赵志全或许早已看清当时的局面，来自老臣的挑战只会将张贵民的领导力与控制力淬炼得更加稳固，不仅不会影响大局，还会推动新时代药业的大发展。张贵民的目标感、使命感、执着精神，以及不怕困难、挑战困难、战胜困难的勇者形象几乎与赵志全一脉相承，二者都能顽强地在冲突中成长，于困难中涅　。只是二人在表现形式上有较大差异而已，这或许可以称之为时代差异。

上面介绍了张贵民的基本条件、个人特质和在鲁南制药工作、晋升和逐渐在高管团队里脱颖而出，成为赵志全的接班人并交出了一份不俗的成绩单的过程；接下来笔者将换一个角度来讨论这个问题，即赵志全选择鲁南制药接班人的 7 个必要条件，也可以把它们看作接班人必备的要素。

第一，深厚的技术背景和高学历，具备领导科研团队长期坚持、长期投入、长期创新的能力和更长远的价值坚守，而这也是鲁南制药能够依靠技术创新持续发展的根本条件。医药企业是高度依赖技术和研发的企业，企业掌门人如果不懂技术，就很难把握行业的发展方向和趋势。很多优秀的医药企业领导人都是技术出身，如恒瑞医药的孙飘扬、贝达药业的丁列明、信达生物的俞德超等。显然这是一组强相关关系，这在高科技行业也是一种基本共识。2019 年 12 月 2 日，任正非在深圳接受加拿大《环球邮报》采访时再次回应了是否会让孟晚舟接班的问题。"担负华为这样一个技术公司的领导人，一定要有很强的战略洞察能力。可能需要洞察未来 10 年、20 年甚至更远的时间，判断社会或者公司发展的方向。所以，没有洞察能力的人，很难领导这个公司。华为这样一个科技公司，领导人需要有深厚的技术背景，孟晚舟回来还是继续做 CFO。"

第二，敢担当，能做事。这点不用多说，每个企业和组织都需要一个有担当、能负责的人，他不会为自己的失职找借口，更不会为自己所应该承担的责任找推脱的理由。他更能够增强团队的凝聚力与向心力，提升团队的战斗力与执行力，从而提升团队整体的工作效率和增强团队的竞争力。

第三，经得起折腾，有耐心。作为一个创业者，赵志全经历了无数折磨和苦难，所以他会感叹："做企业不是人干的活！"不仅如此，他还会在企业欣欣向荣的时候居安思危，做出一些别人无法理解的"自我折腾"。正因为赵志全有耐心——克服这些困难，才有了鲁南制药的今天。因此他也坚信，未来带领这个企业的人，必然也会跟他一样，是个经得起折腾、敢于折腾的人。

第四，物质欲不能过强。赵志全本人就是一个物质欲寡淡的人，从他普通的穿着打扮、在食堂吃饭、一直坐一辆普桑、住的是公司分的房子，还没有产权，最终也没有给家人留下多少财产就可见一斑。坐拥这样一家未来可能超过百亿，甚至几百亿的企业，企业领导者如果个人物质欲太强，一定会对公司产生巨大的副作用。现代社会物欲横流，物质欲强的人容易分心，鲁南制药的发展速度一定会受到影响。

第五，理性，敢于批判自己，有批判精神。因为企业的领导者都是站在巅峰的人，身边多是敬畏者、谄媚者和盲从者，能说真话，直击要害的人永远都是少数。因此，如果一个未来的领导人不敢批判自己，不够理性，那么肯定也容不得身边的人批评自己，提出自己的缺点和不足。

第六，能站在团队的角度和更高的角度看问题、考虑问题。这是决定鲁南制药未来发展高度的重要因素，只有站在更高的高度看问题的人，才能不断进步，这样的领导人才能不断挑战一家企业的天花板，才能实现赵志全心中百亿乃至千亿鲁南的梦想。

第七，认同自己和公司的文化，这是最基础的一点。前文说过，一家企业的文化、企业的魂，是企业的领导人赋予的，是他的性格和一生经营、奋斗、拼搏、成长过程的凝炼。赵志全知道，哪怕自己有一天不在了，企业的文化就是自己精神的延续。他作为一个领导者，一定希望企业能够按照既定的路线继续发展，因此只有认同自己公司文化的人，才能让鲁南制药在这条道路上一直走下去。

如果把这 7 个要素和前面张贵民的为人处世对照起来，赵志全应该较早就已经做好了接班人的选择。

6.3　张贵民的传承与创新

● 不变的初心和使命

张贵民说："赵总已经用他的一生给我们树立了一个典范，告诉我们应该怎么去学习、怎么去实践。不是用嘴巴，不是用眼泪，而是用实实在在的行动去造福人民，用实实在在的员工收入的提高和对社会的贡献来证明。"2014年以来，鲁南制药多数员工的收入增幅领先于企业销售收入增幅。鲁南制药对于员工的后勤保障也更为全面，从各种生活物品的发放到为员工交纳"七险一金"、定期健康体检、集体婚礼，面面俱到。2019年冬天，公司给将近2万名员工每人发了一件羽绒服，可以说鲁南制药员工的幸福感一直在提升，鲁南制药为员工谋利益的初心始终没有改变。

从2014年12月到2019年12月，张贵民接班刚好整5年时间，鲁南制药的销售额从54亿元增长到123亿元，销售额翻了一番，纳税12亿元，公司也从贷款29.2亿元一跃发展到分红前账上现金60亿元。在由中国品牌建设促进会、中国资产评估协会等单位联合发布的"2021中国品牌价值评价信息榜"中，鲁南制药以品牌强度907、品牌价值121.91亿元入选中国品牌价值排行榜，位列医药行业排行榜第五位。同时在股东大会上，张贵民做出承诺，公司每年盈利都会按比例分红。公司员工从近万人增加到1.8万人，人均工资从每月不足4000元，增长到近8000元。这些都是直观的数据，看不见的是，公司这些年的研发储备取得了很好的进展，未来将会有一批创新药上市，市场效益和市场规模都非常可观。同时，几种新产品如舒尔佳奥利司他（减肥药）、首荟通便胶囊、小儿消积口服液等也逐步获得消费者的认可，市场占有率和销量逐渐增加，为鲁南制药的发展开创了更广阔的前景。

2015年，国药140号文件首次提出"对于国内已上市原研药的仿制药，获准上市的条件是要完全实现质量与原研药一致，否则无法获批"。这项针对仿制药的政策调整，使得原研药一直以来遭遇的困境得以缓解。2015 年以前，大家根本看不到创新药在中国发展的任何机会，而从 2015 年至今，行业内、投资者和社会都越来越看好创新药的赛道。医药领域一如当年的 TMT（Tehnology，Media，Telecom，科技、媒体和通信）行业，那时的互联网公司虽然厉害，却没有一家走向世界，但差不多 10 年之后，百度、腾讯、阿里巴巴等都成了全球顶尖的互联网公司。几年前恒瑞的估值还是 500 亿元，现在已然是 4000 亿元，被称为"中国的辉瑞"。曾经在 TMT 发生的奇迹，正发生在创新药领域。

"以改革为动力，以市场为中心，以科技为先导"是鲁南制药一直以来的发展战略。鲁南制药 2019 年产值 120 亿元，从百亿到千亿，鲁南应该做什么？又该凭借什么来支撑自己的千亿梦想呢？对于千亿鲁南的目标，张贵民认为：公司目前年产值是 100 亿元，但支撑市场的就是两个 20 亿级的产品、两个 10 亿级的产品、一两个 5 亿级的产品。到千亿鲁南的时候，支撑市场的一定是产销数量更大的中药产品和生物制药产品。

一个人，一家企业，如果光挣钱，那是走不远的。张贵民认为，当前整个中国社会发生了很多问题，根源在于思想文化上的短板。在变革中不仅要挣钱，把口袋填满，还要用思想把脑袋填满。对于鲁南制药集团积极走科技创新之路，张贵民指出必须坚持自主创新、重点跨越、支撑发展、引领未来的方针，大力加强以企业为主体的自主创新能力建设，以科技创新为核心，全方位推进以企业机制创新、营销创新、管理创新、文化创新为基础的全面创新，以改革释放企业创新活力，实现提质增效升级，为企业健康可持续发展提供新动力。

◉ 与时俱进的管理思维

接手企业的时候，张贵民面对的是一个负债近30亿元的"沉重摊子"，接班过程阻力不断，行业发展日益艰难。张贵民在不同场合多次向干部职工强调："要有危机意识，要时时刻刻准备着规避风险，准备着承担更大的责任"，"舒服的结果只有一个，对于企业来说，就是走向灭亡"。并不断地问自己、问所有的领导干部："在下一个10年，鲁南制药要靠什么实现千亿元的雄心壮志？"在内忧外患的情况下，张贵民凭借自己专心科研的韧性、神似赵志全的信念与精神兢兢业业坚守岗位，精细管理企业运营成本，优化鲁南品牌声誉，深挖已有产品的二次开发价值，提高企业管理效率。经过5年的发展，张贵民不仅为公司还清所有债务、实现销售额翻番，还为公司留存了大量流动性资金以满足股东分红和再生产投入需要。

在公司整体战略的基础上，张贵民提出了更加与时俱进的品牌战略、成本战略、研发战略和自动化战略。他对转型战略的阐释是：要从系统上看转型之路，必须把牢文化和产品的定盘星，每一位鲁南人要讲好鲁南故事，做品牌传播者，坚守底线，将创新的理念植入内心。这同时也为科研、生产和业务模块指明了转型的方向：科研上，从速度型转变成效益型，利用好内部和外部资源，加强课题组协同、严格成本管控，科研产出要落实到安全、质量、环保、能源和生态上。生产上，由手工操作向自动化转型，注重精益和全成本管理，做到生产规模最大化、生产周期最短。业务上，由服务型向学术型＋服务型转化，推进全方位战略合作，开发具备高销售规模的药品，提升销售效率和销售效益。

在品牌和新型销售体系方面，张贵民积极推进"医药＋互联网战略"，先后成立新媒体部、客服中心、互联网销售等新部门，构建起含智能制造、品牌培育、数字营销和全时服务的"医药＋互联网"战略体系。随着互联网时代的到来以及健康产业的蓬勃发展，医药消费者的心理和行为也逐步发生着变化。消费者更注重"治未病"，渴望得到细致的健康咨询服务，传统的营销模式已慢慢被改变。[1] 布局互联网电商平台，转变传统营销手段，是鲁南制药迈向"千亿目标，百年企业"的必经之路。

面对医药行业的变局，张贵民强调："互联网＋工业＝未来新常态！没有互联网的企业早晚会消失，所以积极融入才是我们的态度。"2015 年底，张贵民带着高管们一起前往京东、阿里、腾讯、华为从零开始学习，并将方方面面的渠道资源、营销资源、销售网络做了全方位的整合梳理。2019 年 6 月 13 日，张贵民带队到阿里巴巴集团，与阿里健康签署联合商业计划。这是鲁南制药在

---

[1] 郭越, 汤少梁. "互联网＋"背景下我国医药企业转型升级策略探讨[J]. 医学与社会, 2016(4): 30–31.

推进"互联网+"的进程中又迈出的坚实一步，也是公司转型路上的其中一步。鲁南制药积极与腾讯、京东、阿里、华为等高科技、大数据互联网平台企业合作，与华润医药、九州通等全国百余家医疗经营经销连锁机构展开战略合作，利用它们在医药领域大数据、技术、物流、金融等方面的优势，在天猫、京东开设旗舰店共销售 30 余个产品，成立 24 小时客户服务中心，打造"互联网+医药健康"平台及客户服务体系，构建一个全新的消费者需求、体验和服务的生态系统，最大限度地满足消费者的差异化需求。[①]

张贵民要求三个新兴部门创新服务，进行差异化竞争并拓展营销渠道。鲁南制药逐步搭建起了横跨医学和电子商务的渠道，形成了新媒体部致力于提升品牌形象和进行外部宣传，互联网销售部专注于运营策划、销售承接、用户沉淀和社群搭建，客服部专注于客户服务、健康咨询和用药指导的部门布局。2019 年 10 月 24 日，在上海举行的第八届中国医药互联网大会上，鲁南制药荣获"2019 医药健康互联网+创新企业"的荣誉称号。下一步，鲁南制药的目标就是真正打通从品牌宣传，到会员服务与管理，及社群服务的"品牌+营销+服务"数字化营销环节。医药营销是医药企业发展的重中之重，传统电视广告的宣传效果已接近瓶颈，而互联网为医药营销模式的创新带来了契机。互联网营销不受时间和空间的限制，覆盖人群广，针对性强，宣传效果好，可以让

---

① 张贵民. 实现新的跨越 创造新的历史 为新时代"千亿鲁南百年品牌"宏伟目标奋斗[Z]. 2019-08-27.

医药企业有的放矢地快速对接目标客户。鲁南制药的新媒体部正是这一新营销模式的产物，通过短短几年的成长和积累，目前新媒体部运营近200个媒体账户，自主培养了接近170人的新媒体团队。

互联网时代要求企业不断提升管理效率，转变管理理念，进行信息化管理，并以客户为中心提供人性化的产品体验。要实现鲁南制药"千亿鲁南，百年品牌"的目标，就需要企业结合时代需求，不断以更先进的管理理念指导发展，适应市场变化。电子商务、大数据、云计算、智能制造等最新技术的出现，对医药企业的现代化转型意义重大。医药电商信息平台的构建，有利于医药企业进行产品开发、库存跟踪，增加销售机会、降低销售成本。鲁南制药正是敏锐地洞察了这一先机，在张贵民的带领下进行着循序渐进的转型。

在业务方面，张贵民上任之初就提出要以"推广会、进品种、降费用"为主线，加强业务队伍建设，进一步健全和完善业务管理体制、机制。首先，业务队伍以重点产品增长为工作重点，强化落实，进一步提高产品竞争力，进一步巩固市场基础。其次，鲁南制药根据"严格控制，满足需要"的原则，进一步加强业务费用管理，从而显著降低了业务费用。最后，从制度上更加重视招标、价格、医保等基础工作，加强发货、库存和应收账款管理，加强对业务工作的考核，开展自查自纠行动，规范业务行为，加大监察监督力度。很快，企业的业务风气明显好转，初步形成了风清气正、平等竞争的局面。

公司的销售政策都由张贵民亲自制定，且基于公司战略和员工需求不断进行调整完善。张贵民对销售人员工资发放的方式与赵志全有所不同，赵志全因为时代特性和公司资金问题，让业务员进行业务费借款，提成再记账，有钱了一起发放。张贵民则认为，要让销售人员见到钱。业务员的工资发放，从2015年前的两个月发放一次改成一个月发放一次。他还提出销售渠道要下沉，从各大医院向药店和三级市场下沉，以扩展广阔的终端市场。在业务用人和选拔机制方面，他提出销售人员凭能力吃饭，销售队伍要进行裂变细分，好的业务员要有带团队的能力，让自己团队不断扩大，再裂变，以此深耕市场。市场部还采取了淘汰机制和帮扶机制，业绩多次不达标的业务员，要回炉重造，培训学习，考试后再上岗，并由优秀业务团队进行帮扶，相应的，提成也要分出一部分给指导团队。通过这三种机制，销售队伍不断壮大，业绩也逐年攀升。从医药代表到学术代表，鲁南制药以"强学术、转方式"，推动"业务学术化、学术专业化"，加快销售转型。"聚焦渠道、聚焦品种、聚焦服务"，鲁南制药与上药、国药、九州通等医药公司的合作日渐加强，回款周期大大缩短，实现了共赢。

在国际化方面，"鲁南制药，健康世界"的梦想照进现实。"最多时一年能在国外出差150多天，我们就是'空中飞人'。"鲁南制药集团国际业务部部长刘炳光笑言。付出就会有收获，凭借着稳定的质量和良好的口碑，鲁南制药产品畅销印度、巴基斯坦、韩国、巴西、美国、日本、西班牙、意大利、英国、德国、法国等60多个国家和地区。2018 年，鲁南制药出口额突破 1 亿美元，实现四年翻一番的成绩，其中"一带一路"沿线国家的出口份额占到了 60%。

在领导方式上，张贵民与赵志全如父般的家长式管理并不一样。张贵民让更多的管理者独立思考、独立发挥作用。只要是在统一的战略目标前提下行动，任何创新都是被允许的。他主要执行管理职能，为员工搭建平台，让大家发挥价值，调动大家的主动性、积极性，从意识上产生根本变化。前文介绍的公司新成立的新媒体平台和网络销售平台是如何激发大家的主动性、积极性，激发年轻员工的活力与创造力，就是这种新的领导方式的最佳体现。

在研发管理上，鲁南制药进一步加大研发的投入和创新，重视研发人才激励，为高端研发人才创造完美平台，使他们安心、有信心创造新时代；与此同时，研发出身的张贵民对品质的把控更加精细和苛刻。曾有人这样问分管科研的鲁南制药集团副总经理刘忠："公司每年的科研预算是多少？"刘忠回答："对于科研我们是没有预算的，需要多少给多少。"在研发中心，研究人员正在制备纯化实验室内反复实验，以期把奥利司他 0.2% 的杂质研究出来，以达到最好的疗效，确保药品的安全。"就像考试，考 60 分也算及格，但鲁南人就是那个想考 100 分的孩子，就是这么执着。

我们要对产品负责，对生命负责。"这是张贵民的金科玉律，不仅继承了赵志全在科研投入和质量方面的原则，也对鲁南制药提出了更高的标准和要求。

2020 年 6 月 11 日，鲁南制药在新时代药业举办 2020 年高学历人才住房分配仪式，80 多位高学历人才经申请分配到了住房，其中博士大多分配到了 100 多平方米的精装修河景三房。消息发布后，网上迎来了热议，大多是羡慕的评论。当下国内一二线城市房价居高不下，临沂的房价也达到每平方米均价一万多元，最贵的楼盘要每平方米两万多元，如此高的房价也让很多高学历者头疼，住房问题也成为很多毕业生在就业择业时考虑的关键因素。分房子在记忆中已成为国企央企办社会的历史，但在今天，作为公司福利的房子，成为鲁南制药在临沂这座小城市吸引人才的一个撒手锏，更是使高学历人才留下来不断创新、创造价值的定心丸。

在人才队伍培养（培训）的理念方面，张贵民与赵志全也有较大差异。张贵民广泛与大学等机构合作，通过送出去请进来的方式培养员工，尤其注意管理者素养与能力的提升。赵志全时代，公司员工只有基础的技能培训，而张贵民则鼓励大家带着问题学习。他也非常提倡高管和员工积极参与学习培训，公司现在不仅有新员工培训、文化培训，还有引入培训课程，及送出去培训的机制。公司还与国内多所大学和培训机构开展了长期的合作，为企业人才成长和再提升打开了通道。当时条件下，赵志全强调技能培训，更主张管理者立足岗位做好本职工作，研究具体工作问题。张贵民则更加开放，不仅强化技能培训，更主张管理者和专业工作者走出去，见识天下。

来自齐鲁大地的企业家们往往充满使命感、责任感，并且诚信正直。始终以人为本、以客户为中心的价值导向也成为他们在新的发展环境中能迸发出不一样的组织变革力量的重要原因。海尔的张瑞敏自始至终坚持对新技术进行引进、消化、吸收以及自主研发，坚持在不同时代背景下不断探索尝试新的管理模式，在世界管理领域为中国企业争得一席之地；接班酷特智能的二代企业家张蕴蓝，在接班后的十余年时间中展开了一系列产业技术升级、组织架构变革和商业模式变革，让传统的服装制造企业升级为可定制的工业互联网平台，走在了时代的产业前沿。

接过赵志全接力棒的张贵民同样如是。气派敞亮的贝特公司25 车间有着鲜明的"张贵民风格"——快、智、专。以"实干"开路，这个车间从动工到验收，短短一年多便建成投产；引入国际一流的自动化、智能化装备，只为"鲁南创造"服务；平均年龄28 岁的年轻化、知识化队伍被合理地安排在各个关键岗位上；投入20多亿元进行车间的生产自动化、智能化建设，聚焦高质量创新发展。在新旧动能的转换间，鲁南制药奔向千亿的步履铿锵有力。

● 文化传承、提炼与升华

张贵民接班后的企业文化也基本延续和保持了赵志全的精神

和思想，同时还对赵志全的精神和文化进行了提炼，制作了公司的文化墙。

鲁南制药的商标是一朵荷花，下面有两片荷叶。设计理念是希望鲁南制药的员工做人像荷花一样，出淤泥而不染，濯清涟而不妖。鲁南制药商标的含义是"日出唤醒清晨，大地光彩重生，让和风拂出的音响，谱成生命的乐章"，这也是"鲁南制药、健康世界"的内涵。另外，鲁南制药的精神和文化被设计成了一棵文化树，文化树的具象是一棵银杏树（见图6-1）。树干是鲁南的精神："不怕困难，挑战困难，战胜困难"。树枝和树叶围绕"以改革为动力，以市场为中心，从科技为先导"的指导思想，周围分别是产品方向："保持化学制药优势，大力发展中药，做强生物制药"，工作方针："创新引领，服务推动"，经营宗旨："造福社会，创造美好生活"，企业愿景："建设国内领先世界一流的综合医药科研生产基地"。土壤是"公正清廉、勤奋敬业、品德至上，人格至上、解放思想、开拓进取、市场无限、追求无限"的价值观，而树的两侧则是"忠诚、责任、敬业、知足、感恩"的做人准则和"安全、质量、环保、能源、生态、宣传"的企业发展准则。这些基本都是由赵志全提出的鲁南文化的凝结，也是他毕生经营智慧和人生体验的总结；同时伴随着鲁南制药的发展而不断与时俱进，承载着每一代鲁南人厚重的精神内涵。

之所以做成一棵银杏树，是因为世界上活得最长的银杏树已有5000年树龄，而山东莒县浮来山有棵银杏树的树龄达到3500

年。春秋战国时期，相传莒国和鲁国会盟就是在莒县浮来山的银杏树下。郯城新村也有一棵银杏树，树龄 2500 年。鲁南制药要做百年企业，一代一代的鲁南人就要像这棵银杏树一样，把根扎实，经得住时间、风雨和所有一切的考验。鲁南的每一个人都是一片树叶，从这棵树上吸收阳光，集聚能量，为这棵大树贡献力量。当我们再回归土地的时候，能够问心无愧，无怨无悔。整个文化理念墙的背板设计是山水相依。因为鲁南制药是沂蒙地区的企业，蒙山沂水是滋养鲁南制药的厚土。没有蒙山，没有沂水，不可能养出临沂人、养出鲁南人。

图 6-1　鲁南制药文化树

鲁南文化的基本理念由赵志全提出，张贵民只对鲁南制药的工作方针做了一些与时俱进的调整，在"创新推动"后，加上了

"服务引领"，强调现代化企业的服务理念。因为张贵民认为未来制药公司的收入并不仅仅是通过药品销售来实现，还必须通过和药品相伴的服务来为客户创造价值。由此，未来商业化销售非常依赖于企业销售团队的综合服务能力，也就是说，未来的医药企业将不再仅仅依赖于由医药代表向医院（医生）推广药物，而可能会同时推销一些工具帮助患者在就医时获得更好的服务。这些工具将直接面向医生和患者，后者可以利用它来体验不同渠道的产品或服务，同时各种信息源源不断地反馈给医药企业。这意味着，未来制药公司不仅仅是靠"卖药"来赢利，还可以通过提供各种服务，帮助提高患者治疗的有效性和体验的舒适性来赢利。这样的服务模式同时也可以将鲁南制药的医疗服务更方便地传递给患者，还能够帮助医生更方便地工作。除此以外，制药企业还可以开发一些工具来让医生和患者之间的沟通更加方便、更加高效。这样，整个医药行业的营销也会更加便利，药企、患者和医生都能从中受益。这显然是一种与时俱进，是一种进一步关注行业发展和用户需求的经营理念与策略。

1996 年赵志全把一篇《把信带给加西亚》的文章推荐给业务团队。文章很短，情节也很简单：19 世纪美西战争中，美方有一封具有战略意义的书信，急需送到古巴盟军将领加西亚的手中，可是加西亚正在丛林作战，没有人知道他在什么地方。此时，一个叫罗文的人，不讲任何条件，历尽艰险，走过危机四伏的国家，徒步三周后，把那封信交给了加西亚。罗文正是通过他不畏艰险的敬业精神，完成了把信送给加西亚的任务。广大业务人员通过认真学习短文《把信带给加西亚》，以罗文为榜样，认真找差距，找不足，统一了思想，写出了深刻的认识，纷纷向赵志全递交了完成任务保证书，保证以实际行动全面完成公司下达的经营任务，体现了业务将士的使命、责任和对公司的忠诚。

在鲁南制药集团，大家都习惯地把这种敬业精神叫作罗文精神。学习罗文，就是要"静静地把信拿去，不会提出任何愚笨的问题，也不会把信随手丢进水沟里，而是不顾一切地把信送到"。学习罗文，就是要加强一种敬业精神，对于上级的托付，立即采取行动，全心全意去完成任务——"把信带给加西亚"。

2018年2月25日，张贵民在公司管理人员大会上做了题为"靠什么支撑鲁南制药走向千亿"的长篇演讲，在讨论鲁南精神的时候讲到了"不怕困难，挑战困难，战胜困难"，还提到了罗文精神，后来他又讲了《蓝色花瓶的故事》。这个故事反映了企业对于员工执行力和面临复杂情况时的坚持与创造力的更高要求。

故事讲的是：应聘的退伍军人被要求从某个商店给总裁的妹妹买一个蓝色花瓶作为她的生日礼物，这个任务并不简单。首先，他发现这个商店的地址有误，等他通过扫街的办法耐心地找到这家商店后，发现商店已提前关门，经理去度周末了。这个退伍军人想砸橱窗来拿到这个花瓶，但是等他拿到工具，却发现一位全副武装的警察站在街上。他只好再次给经理打电话以自己的性命和军人的名誉担保，请他帮忙。经理被他的真诚所感动，决定派人来打开门，把蓝色花瓶卖给他。但是，退伍军人拿到花瓶的时候总裁的火车已经开了。他再次开动脑筋，马上给他有私人飞机的战友打电话，并终于租借到私人飞机。最后他追上了总裁的火车，在站台上把蓝色花瓶交到了总裁的手里。这时总裁告诉他，这是咨询公司给应聘者设计的招聘流程，但是"所有这些都没有阻碍你完成任务的决心，你出色地完成了任务。现在，我代表董事会正式任命你为本公司远东地区的总裁"。笔者非常喜欢这个故事，在人们可以通过互联网方便地获得各种信息的今天，各行各业的从业者都需要有像这位退伍军人这样的韧劲和创造力。

这种企业文化更好地体现在鲁南制药的新型营销体系中，包括在其中发挥重要作用的新媒体部门。新媒体部致力于鲁南制药的品牌宣传，通过设立官方微信、微博平台，对内及时传递企业动态，对外传播品牌形象、提高品牌影响力，在鲁南精神的指导下，讲好鲁南故事。新媒体部主要负责两个部分的工作：第一是品牌推广和高端化；第二是通过高新技术实现产业化和智慧化。比如：开发临床实验系统，直播手术过程；搭建智能动态仓库，进行仓储和生产管理。鲁南制药通过新媒体这一抓手打通了企业的生态圈，并与医院建立了全新的院企合作模式。从2019年上半年起，短短半年时间，在文化共建的框架下，鲁南制药已与山东省内的18家医院开展了新型合作。新媒体部承接的项目小到手术直播，打造网红医生，运营知名医生的自媒体，大到全院、全科室的文化建设，宣传片拍摄，医院品牌升级等。与医院的新型合作模式提升了医院与企业的互动，通过进一步提高企业对医院的服务质量和种类，增强了院企合作的黏性。

鲁南制药虽然在赵志全强大的个人魅力和价值观指导下一路成长和壮大，但是随着企业的不断发展，企业内部难免会出现"大企业病"和官僚主义风气，有的员工逐渐产生了吃大锅饭的心理。张贵民发现部分员工存在安于现状的心理，就希望把新媒体部打造成鲁南制药内部的一条"鲶鱼"，发挥"鲶鱼效应"，刺激一些部门活跃起来积极参与竞争。不难看出，新媒体部的很多工作和项目与原有部门的职责存在着重合和交叉。传统部门和新媒体部的结合自然会有阳光或阴霾，哪个部门干得好、干得多、干得快就竞争上岗，这也促进了新老部门的融合，推动了传统部门的转型和发展。对新媒体等几个新成立的部门，张贵民没有提出具体目标，因为他的理念是在公司内部搭建起一个又一个的平台，部门负责人是平台的主人，他们根据公司战略为自己制定目标，并由此来调配资源。

张贵民的工作就是服务以及聆听他们汇报工作成果，他经常会鼓励这些平台负责人："你们做得很好，我觉得你们一定能做出更大的贡献。""部门还需不需要加人？多配点人手吧。"新媒体平台负责人郁杰说："张总越是这么说，自己就越紧张，压力越大，因为加了人必须有事可做，必须出成绩，才能不浪费公司资源。"张贵民的管理哲学是：企业经营不能只依靠少数领导人，应该让全体员工共同参与。基于这一观点，他将公司分割成许多小组织，让各个小组织的工作成果一目了然，并通过这种方式促使全体员工积极参与经营。这也是张贵民构建鲁南制药一个又一个小平台的目的和价值。要让这样的小组织发挥作用，员工必须有罗文精神和《蓝色花瓶的故事》中退伍军人的执行力。

第七章
鲁南制药的非血缘传承模式

家业使弟兄们分裂，劳动把一村人团结起来。

——中国农村格言

企业家冯仑曾经说过，对改革开放后的第一代企业家来说，当前最大的考验是如何收场。管理学大师彼得·德鲁克也认为考验成功企业家的最后一关，是能否成功地选择一个继任者并交过权杖。中国民营企业正在经历传承的重要时刻。在第一代企业家的领导下，民营企业在国有企业的夹缝中顽强成长为重要的经济力量，倒逼国有企业的改革发展，最终形成一种具有中国特色、国有企业与民营企业双引擎的发展格局，二者互相补充、互相竞争又协调发展，支撑着改革开放40多年的经济成就。不用说20世纪80年代"做生意"的第一代民营企业家早已年过花甲，即便是20世纪90年代"下海"创业的企业家也已年过半百，大浪淘沙后的胜利者享受着财富积累带来的物质生活改善，也不得不将个人的生命周期纳入企业的战略规划，有步骤地考察和培养后备人才，最终将自己的创业成果托付于接班人。但是，"传"和"承"都不是容易的事。从古至今，王朝没有永恒，一个懂得如何坚持到底的人，也该深谙如何结束。

7.1 企业家面临的传承难题

企业的未来将由谁掌舵？究竟是选择自己的子女，还是把企业交给优秀的职业经理人？新老交替需要通过怎样的过程才可以安全抵达彼岸？这些问题正在成为第一代企业家正在面对的难题。

来自美国的经验数据显示，美国家族企业的平均寿命是 24 年，巧合的是家族企业创业者的平均任期也是 24 年。现实中时常发生这样的现象：家族企业创始人突然离去或退休之际，往往就是企业的终结之时。

无论是家族企业还是非家族企业，企业的传承都需要在尽量平稳的状态下实现管理权、管理团队的顺利交接班，尤其是在中国当下的经济发展环境中，这样的传承期恰恰又叠加了产业转型升级、企业追求二次发展曲线的关键时期，传承结果如何直接影响着企业的生死存亡。

在世界范围内，有 6 万多家企业的寿命超过 100 年，有 8000 多家企业已经存在了 200 年以上，且大多数是中小企业，当然也不乏大型工商企业，比如成立于 1668 年的德国默克公司（制药）、成立于 1802 年的美国杜邦公司（化工）等都长期盘踞相关产业的领先地位。这些长寿企业绝大多数是家族企业，也就是说直到现在依然是由创始家族所有或经营。因此，这些长寿家族企业的传承治理经验值得关注和借鉴。

　　被著名企业史专家、美国哈佛大学商学院教授小阿尔弗雷德·钱德勒称为最早完成家族企业管理转型的杜邦公司，是在这个企业面临传承巨大压力的时候，由家族年青一代设计完成的。1902年，刚刚庆祝完企业成立100年的老牌家族企业掌门人去世，在余下的5位合伙人中，4位已经老迈，年青一代的合伙人代表阿尔弗雷德·杜邦还没有经营企业的经验，合伙人们决定作价1200万美元把企业卖给竞争对手。阿尔弗雷德·杜邦凭着直觉认定杜邦公司的价值远远超过这个数字，坚持如果能够在同等条件下接受这个价格，家族成员应该优先获得企业。合伙人会议同意了这个建议，请家族年青一代给出具体方案。阿尔弗雷德联合了他的堂兄弟科尔曼和皮埃尔一起接手企业，这三位当年麻省理工学院（MIT）的校友运用皮埃尔巧妙的融资安排设计，使老杜邦公司实行集团式经营管理，从而让公司进入了一个崭新的发展阶段。随后在家族企业传承的第五代，掌门人科普兰把总经理一职和财务委员会议议长一职分别让给了两位非杜邦家族经理人，自己专任董事长一职代表家族利益，从而形成了"三驾马车式"的现代公司体制。这个家族企业现代转型的例子说明，对于多世代的家族制度进行合理改造后，这样的"家族性"反而可以成为大型现代企业集团发展的坚实基础。

　　德国博世公司沿用至今的三权分立模式，堪称家族企业治理的经典模式，而这一模式之所以得以面世，也是在接班人突然去世、传统传承模式遭遇挑战的情况下被迫产生的。公司创始人罗伯特·博世（1861—1942）原来是积极培养唯一的儿子小罗伯特来作为继承人的。11岁时小罗伯特就开始帮助父亲处理库存方面的事宜，18岁就进入公司做学徒，可惜10年后小罗伯特患上重病离开了公司。1921年30岁的小罗伯特不幸去世，而那时罗伯特本人已经60岁了。为了家庭和企业的未来，罗伯特坚持再生一个儿子，于是他离异再婚。1928年罗伯特·博世如愿以偿再得一子，仍然取名为小罗伯特。早在第一个儿子患病期间，罗伯特·博世就预见到将来儿子无法成为公司的接班人，因此他在培养职业经理人团队的同时，积极设计所有权和经营权分离的治理模式。由于他无法预见未来，只是确立了所有权、控制权和经营权三权分立的原则，这一模式在他选定的团队和家族的共同努力下一直到1964年才最终走向成熟。创始人在他生命最后20年里所做的有关传承和治理的殚精竭虑没有白费，三权分立制度最终为博世公司基业长青打下了坚实的基础。

中国数千年的政治经济和文化传统给当今包括民营企业在内的社会经济组织打上了深深的"家族主义烙印"，家庭是中华文化传承的基石。家是修身、齐家、治国、平天下的重要一环。家庭是构成社会最基本的细胞。伴随着同居、共财、合爨等行为而逐渐出现的，是小家庭内部的利他主义，以及根据与核心家庭的距离而不断被稀释的信任半径。西方社会在基督教的普遍性影响下，认为"人人都是上帝的孩子"，这其实在客观上弱化了家庭内几代人之间的遵从伦理关系。相比其他国家和地区，中国数千年的历史传统让家庭文化遗产与伦理规则，更加深刻地影响着当代民营企业。这种东西方文化历史的差异提醒我们，境外的企业传承治理经验值得学习和借鉴，但是要解好中国民营企业传承这道难题必须从自身出发。

香港中文大学范博宏教授团队进行的一项对近20年来中国香港地区、中国台湾地区、新加坡的250家家族企业传承案例的研究显示，家族企业在交接班过程中都要面临巨大的财富损失。从交接班发生的前5年到后3年这8年时间里，企业扣除市场变动后的累计股票超额收益率平均为-60%，也就是说，如果在交接前5年企业值100元的话，等到接班后，其价值就只剩下40元了，损失之大可想而知。企业若是无法持续经营，新一代人就只能像上一辈一样从头来过，这不仅是企业家及其家族的损失，更是社会的巨大损失。[①]范教授运用上市公司的数据研究给我们两个重要的启发：第一，企业家式企业往往以总经理或几个主要创业者为核心，形成高度集权的控制体系进而实现对整个公司的领导，其所面临的传承挑战往往并不因为企业上市而有所改变；第二，传承过程中的巨大价值损失对于很多公司来说是灭顶之灾，企业家必须提前策划，小心布局。

"传给谁"与"传什么""如何传"密不可分，"传给谁"是传承

---

① 范博宏.交托之重：范博宏论家族企业传承01[M].北京：东方出版社，2014: 29.

中的首要问题。一般人常说的"子承父业"是指创始人的子女接过权杖接手企业。在中国，由于受到几千年来摊丁入亩、丁兵制等因素的影响，子承父业确实是较多见的模式。对创始人而言，"家庭"与"企业"都是需要照顾和平衡的，不少企业家把亲手创办的企业当作另一个"亲生孩子"，如果亲生子女有能力、有意愿而且制度环境也允许的话，他们接手企业似乎是最好的情况。

在企业特殊资产的跨代延续方面，家族内传承确实有优势，比如涉及的秘方、诀窍，特殊的社会关系，亲生子女从小对产品耳濡目染的熟悉和热爱等等。但事业的发扬、字号的延续、家族的声誉，以及家庭、职工、供应商、社区等众多利益相关者的维护，都要求接班人也必须是德才兼备的年青一代。选择接班人不可能只讲情感不问能力。不过，企业家的子女恰好有意愿且有能力接手企业的情况，并不总是能够碰到。目前更让父辈担心的是孩子根本不愿意接班。不少企业家子女有很好的教育背景，有丰富的海外留学经历，但原本就优渥的生活，自身对个性的追求，海内外大城市的"舒适圈"以及价值观的差异，使得他们不愿意回国、回乡、回企业去接班。另外，也有不少父母不愿意让孩子接班，因为父母在创业过程中倍感艰辛，全家都不想让孩子回来后像自己当初一样受苦。

不得不说的是，计划生育政策限制了企业家可传承人力资源池的大小，加大了传统子承父业模式的挑战。虽然，子女众多也可能带来均分析产、兄弟姐妹冲突等负面风险，但从多子女中选出有意愿、有能力的接班人的概率毕竟更大。对独生子女家庭、尤其是独生女儿家庭来说，因为对女孩子的刻板印象，或者担心女儿将来面对事业与家庭冲突的煎熬，很多企业家并不会选择让女儿来接班。种种复杂因素都会极大影响传承过程中两代人对于传和承的意愿和能力，最终影响企业不同传承模式的选择。

● 有哪些可选择的传承模式？

民营企业传承换代，很难有放之四海皆准的最优模式。时代不同、制度环境不同、行业不同、企业不同、创始人不同，企业家的家庭情况更是各有差异，正所谓"家家有本难念的经"。例如有人问沃伦·巴菲特会选谁做接班人，这位国际投资界的佼佼者，其后代也恰好会是投资高手吗？巴菲特笑称，子承父业就好比挑选 2000 年奥运会游泳冠军的儿子去参加 2020 年奥运会的游泳比赛，拿得了奖牌吗？换言之，巴菲特对于企业家的儿子恰好有动力、也有能力带领企业走向新的成功表示怀疑。确实，子承父业并非领导人更替的唯一路径。既要让后代品尝创业者的成果，承担继续造福社会的责任，还要让企业在经营团队手上得到平稳传承和长远发展，最常见的做法是将企业的所有权和经营权进行适当分离。那么所有权和经营权何时应该同时保留在家族手里，何时又该实现适当分离呢？

如图 7-1 所示，家庭传承模式的第一种模式位于图中的右下空间，是维持企业家族所有的经营模式，总结为"子承父业"式，也是民营企业（尤其是中小规模民企）最常见的传承模式。第一代领导人需要选择一位（或几位）子女，将股权和管理权同时转移给子女，而年青的一代能否完全替代父辈，也面临极大的不确定性。事实上，家族企业能否保持竞争力，很大程度上取决于继任者能否延续上一代的创业精神。

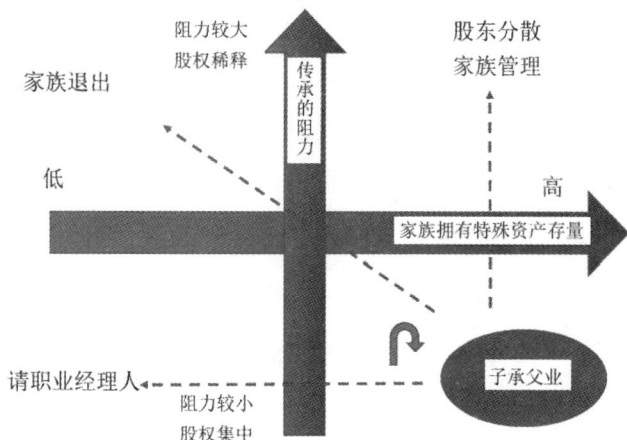

图 7-1　家族企业传承模式

当然，在优越环境中成长的第二代不乏能够承接父辈创业精神和能力的家族精英，在继承与创新中带领企业走上二次发展曲线。企业家式企业的成功往往带有企业家本人的深刻烙印，而其子女相比职业经理人也更容易传承这类家族特殊资产——家族精神、政商关系、行业洞察、团队认同、特殊才能以及与利益相关者的沟通能力等等，尤其是经过长期精心培养和实战历练的接班人在企业的实际经营中会更加得心应手。

然而，子女接班至少会面临三大挑战。首先，新生代毕竟不同于老一代企业家，他们不是在创业初期就领导团队打拼成长，而是中途接手，因此只有"股权"上的合法性，缺少经营上的权威性和领导力，也较难让高管和元老臣服。因此，新生代往往需要经历变革才能掌控企业，至少需要经过一个或几个行业周期的锻炼，尤其是经受重大事件的考验后才能赢得公司成员和家族的信任。其次，在传承过程中，各种利益相关者的诉求和冲突会集中爆发，大家对待接班人的心态和支持程度也有差异，如竞争接班人失败的家族成员、原本期待破除晋升天花板或期待得到股权激励的职业经理人和原有股东等都容易对新的接班人保持怀疑态度。最后，最重要的也是最大的挑战往往爆发于两代人之间。老一代企业家能否开明地给予新生代犯错误的机会，能否干脆利落地让位于新人？虽说传承是否成功要看新生代的表现，但传承的责任人毕竟是在位的老企业家。他在培养接班人、掌控传承的进程之后是否能适时地放手也是很难提前预知的。

第二种模式位于图7-1的右上空间，此时家族股权被稀释但仍然维持家族经营，这在一些大型企业，尤其是已经上市或者即将上市的公司中比较常见，即家族不需要掌握全部股权但仍是实际控制人。上市公司对职业化和制度化的要求更高，股权的相对分散势必会对拥有经营权的家族带来一定的挑战，需要控股家族决策时兼顾和协调中小股东的利益，公开更多的信息。上市给新生代企业家提供了平台和机会，但也带来了更大的责任：新生代能够胜任吗？是否已经传承了企业的特殊资产？如果没有特殊资产，家族成员在已经失去股权支持情况下又如何稳坐高管席位继续领导企业？

第三种模式位于图 7-1 的左下方，即股权由家族控制，但是聘请职业经理人负责企业经营。由于子女没有意愿或者能力传承特殊资产，需要引进职业经理人，其最大的挑战也正是能否找到可信任的德才兼备的职业经理人。在股份牢牢掌控在家族手中、没有向外稀释股权的情况下，往往较难统一家族（委托人）和职业经理人（代理人）的利益。多数家族是在子女不愿意或者没有能力接班的情况下，由职业经理人（暂时）掌管企业，这也意味着控股家族仍然具有内在的捆绑家业长青和企业长青的愿望，职业经理人作为家族外部成员却要代理家族利益，天然地需要面对分权带来的问题。尤其需要注意的是经理人往往更多地关注短期利益和个人成就，可能会无视家族的长期导向和无形的、非金钱的社会情感财富。而如果家族不能给予对经理人充分的信任和支持，经理人在业绩和忠诚上也就不能给家族带来所期望的"回馈"，家族会因此而进一步丧失对经理人的信任，最终形成恶性循环，家族与经理人的"双人华尔兹"看上去也就不再美丽。

第四种模式位于图 7-1 的左上方，家族股权稀释、职业经理人管理。此模式跟第三种模式的差异在于家族与他人（包括高管）分享股份，分享对企业的控制权和剩余索取权，也一起承担了经营过程中需要面对的不确定性风险。上市公司尤其是欧美的上市公司多为这种情况，家族所持可分红股权比例很低，凭借相对高的股东地位或者家族经营能力实施对企业的影响，这是职业化和专业化的一种较高水平的形态。

上述的四种传承模式涵盖了当前民营企业几乎所有的权杖交接类型。家族和企业的股权和经营权分离的情况，无非就是这四种选项。不过，这四种模式的起点都有一个共同的前提，即不论是企业的所有权还是经营权，都已经被第一代企业家及其家族牢牢掌控，而家族要做的决策是两种权力是否都要进行稀释。

◦ 鲁南制药是否属于家族企业

在儒家文化充分浸润的孔孟之地，鲁南制药的功勋人物——赵志全身上自然也少不了中国式家庭、大家长、当家人的文化烙印。到底什么是自家人？其实，所谓家的范围是很有弹性的，不同语境和场景下会有所不同，小到"屋里头的"、大到天下一家，正如费孝通先生提出的差序格局概念："我们社会中最重要的亲属关系就是这种丢石头形成同心圆波纹的性质。亲属关系是根据生育和婚姻事实所发生的社会关系。从生育和婚姻所结成的网络，可以一直推出去包括无穷的人，过去的、现在的和未来的人物。"①

中国人心中的家没有严格界定，完全根据需要而确定范围，甚至有"舍小家为大家"的说法。一方面，赵志全与爱妻龙广霞相

① 费孝通. 乡土中国；生育制度；乡土重建[M]. 北京：商务印书馆，2015: 27.

濡以沫，对女儿赵龙更是爱之深沉。早年龙老师从娘家借承包款就是出于对自家丈夫的充分信任。1990 年后，赵志全进一步推行分配制度改革，一位在改革中失去位置的干部，竟然朝赵志全家的阳台开了一枪，但凌厉的枪声也没能阻止赵志全改革的决心，家人同样无惧艰险地默默承受着压力，全力支持着赵志全的事业。而赵志全的内心只会对家人更加愧疚。赵志全在生命的最后阶段盼望着女儿从美国回到身边，这也正是中国人重视亲情、血浓于水的最好体现。另一方面，赵志全不仅仅是"他们赵家"的丈夫、父亲和儿子，还是鲁南制药的大家长。看到一个个农家子弟改善了生活，在鲁南制药扎根安家成为"自家人"，他都会由衷地高兴；为了鲁南，为了鲁南人他殚精竭虑谋求企业发展、完善职工福利，而他自己却继续坐那辆破桑塔纳，继续蜗居在小房子里。对于赵志全来说，自己的小家和鲁南制药这个大家都是他生命中最重要的组成部分。所以有员工会说，赵总有两个孩子，一个是赵龙，另一个是鲁南。

但是，无论从所有权、经营权还是跨代传承意图来看，鲁南制药都不属于家族企业。

从所有权看，鲁南制药不是赵志全家族的企业。鲁南制药的第一大股东是当年在山东省产权交易中心挂牌交易吸引的社会股东，占股 48.08%，内部职工股为 26.22%，安德森投资公司则约为 25.7%。赵志全不是大股东，更谈不上控股股东。这是一家非常典型的内部人控制、打上企业家个人烙印的公众性非上市公司，其企业领导者不是大股东，只是凭借个人能力和权威在企业中建立了绝对的领导地位（恰如张瑞敏之于海尔），与江浙地区民营企业普遍的企业家个人或家族拥有大股东身份截然不同。从经营权看，虽然有多位赵氏家族成员任职于公司，但是除了赵志全，最接近核心领导地位的也只有幼儿园园长龙广霞女士，其对企业的影响力仍局限于企业家妻子的身份，而其他赵氏家族成员都未曾参与企业经营。从跨代传承意愿看，赵志全从 2002 年发现自己罹患癌症以后的主要任务之一就是布局鲁南制药的传承和发展。在与病魔作斗争的长达 12 年时间里，如果按照家族企业的常见做法，大幅增加赵氏个人持股股份，让更多的家族成员涉入企业高管位置，以其巨大影响力以及家族成员的能力，是完全有可能实现的。但直到其写下最终的遗嘱，无论是董事，还是副总以上的高管团队，提名名单里都不曾见到家族成员的影子。

"没有选择家里人接班，我一点也不觉得意外。"赵志全堂弟、三叔的儿子赵志富如是说。赵志全的三叔对家族贡献很大，在第一章里说过，他只身闯关东，做帮工站稳脚，有了余钱就寄回老家贴补家用。三年自然灾害之时，赵志全刚刚 3 岁，多亏这位三叔将他带到东北才有口饭吃。因此，赵志全对三叔一家常怀感恩。但是，要拿出鲁南制药的资源帮衬家人，赵志全是做不到的。"创办如此规模企业的堂兄理应拉我一把。企业进出这么多业务，给谁做不是做呢？我是兄弟，会更忠心地做事情。"赵志富带着这样的思路只身从黑龙江回到山东临沂，不过行色匆匆的赵志全并没有给他任何机会，只是安排办公室秘书在食堂招待了兄弟。"九六决战"期间，赵志全经过三叔所在的哈尔滨，但是一天要拼两个城市的赵志全也没有去看望年迈的三叔。在公司，亲情和公务严格分开的赵志全，当然引起了兄弟的不满。多年之后，赵志富回临沂参加侄女赵龙的婚宴，才终于看到了企业家之外的另一个赵志全——兄弟赵志全，爽朗的大嗓门，大口地喝着白酒，向其他亲朋好友热情地介绍着自己关外的兄弟。这是在家的赵志全，不是企业家赵志全。赵志富告诉笔者："虽然过去曾经对堂哥掌管企业后拒绝开后门帮助家人有过怨言，但是当他去世后看到他把一切留给鲁南员工，也就释然并理解他了。……我为有这样的哥哥感到骄傲。"

学术界最近提出了一个观点，即判断是否为家族企业要首先问企业主是否认同自己是家族企业。什么样的企业家会称自己的企业为家族企业？至少，从行动上看，赵志全并没有将鲁南制药改造为家族企业，他不让妹妹的孩子进入公司帮助监管企业，也没有让妻子在企业经营中更上几个台阶，他更没有按照家族企业在家族内部传承的套路去锤炼家族成员的能力。经营企业27年，有这么多机会将企业改制成由他本人及其家族控股的企业，他却一而再再而三地放弃机会，只想着把鲁南制药做大做强，为职工谋求更多的福利。他要考虑的家，是整个鲁南制药这个大家。

总之，鲁南制药并不是典型的由家族控股的家族企业，跟浙江以及改制稍晚数年的江苏民营企业相比，其改制方向是不存在自然人控股股东的民营企业，企业发展过程中做出巨大贡献的赵志全并不拥有控股股权。除了所有权上的非家族化以外，鲁南制药的另一个显著特点是企业家控制权和经营权都在传承过程中进行了非血缘传递。鲁南制药传承的实现方式也非常有特点，赵志全没有明确告诉大家他的接班计划是怎么样的，他一直向公司高管团队隐瞒自己的病情，更没有和大家讨论他的传承方案。他用遗嘱传位的方式非常像清王朝的秘密立储制。这是怎么回事？我们又可以做怎样的分析和评论呢？

7.2 非血缘传承的探索与实践

◎ 未竟事业由谁继续

江山靠谁守，才不付东流？净资产 60 亿元、年纳税近 10 亿元的企业该托付给谁，该由谁来继续自己 27 年未竟的事业？在赵志全生前，接班人是谁，即便是身边的秘书、企业的元老、生活上的伴侣、政府的领导，似乎都不知道。直到 2014 年 11 月的那个深夜，赵志全的接班人、准确地说是经营接班人终于尘埃落定——那份包含着公司领导班子人事提名书的遗嘱中，出人意料地将企业接力棒交给了张贵民。虽说遗嘱仅仅是提名书，但出于赵志全在鲁南制药一言九鼎的权威和全体员工对他的崇敬，董事会并不会有太大异议。于是，这份遗嘱中的人事提名方案与职工加薪意见等被一同通过。虽然众人对此充满了疑问，但企业仍顺利交至张贵民手中。

企业的传承不仅意味着经营权的转移，更意味着接班人需要肩负更大的责任。企业不仅仅是企业家一个人的企业，它是由所有者、管理者、雇员、供应商、客户、政府以及社区等利益相关者达成的契约。全世界历史最悠久的企业——日本金刚组——选择接班人，还要征求大阪市著名的四天王寺的同意，因为金刚组的最重要客户就是四天王寺。

植根于革命老区文化的鲁南制药在这方面更为典型。鲁南制药既不是家族企业，也不像一般追求利润最大化的民企，而是一家利益相关者的企业，一家深度融入地方发展、受人尊重的企业。赵志全打造鲁南制药，是将自己看作火炬，为职工谋求幸福，为病人减除病痛，让合作伙伴获得利益，为政府贡献税收解决就业，让家族成员和父老乡亲生活得更好。

因此，在考虑接班人问题的时候，赵志全深思熟虑选取的接班人也必须和他自己一样，以鲁南制药这个"大家"的发展为其一生的事业，也必须具备多层次的能力，能游刃有余地应对企业利益相关者的复杂诉求。经过一系列不露声色的考察和锻炼，或许赵志全正是从这个鲁南制药科技创新领军人物张贵民的身上，看到了心无旁骛谋发展、坚韧坚定做实事的意志和能力，看到了与自己勇于承担责任、谋求所有人共同发展相似的初心和特质，才以极其坦荡的襟怀和高度的信任提名非亲非故的张贵民接替其在公司的所有职务，将未竟的事业交给了他，也将事关上万员工及其家庭的重担托付给了他。

赵志全选择了彻底的非血缘传承。前面介绍的三家国内标杆制药企业，无论其上市与否，创始人及其家族都始终保持着控股地位。所以他们即使聘请了家族外职业经理人担任公司总裁或总经理等高管岗位，依然是家族控股、职业经理人经营的企业，何况创始人及其家人仍然在公司里负责企业战略和重大人事决策，也一般都会组建子女和职业经理人相结合的经营班子。而正是赵志全尽公不顾私的品行和带领员工创造更好生活、为社会创造更多价值的理念和精神，成就了鲁南制药从负债到百亿的飞跃发展，也使赵志全成为唯一一位在去世后获得"时代楷模"称号的企业家。因此，接班人的选择既不同于子承父业的血缘传承，也不同于普通意义上的职业经理人聘用。鲁南制药的非血缘传承背后，是一代企业家对企业发展意义的智慧探索和深刻思考，更是对带领全体利益相关者实现共同富裕、让生活更美好的坚定信仰。

◉ 非血缘传承的意义

选择非血缘传承，对于中国的民营企业来说是迈向现代企业制度的惊人一跃。赵志全这一代企业家，习惯了一竿子插到底直接向基层员工发号施令。就像是更夫、报时者，只有他才知道时间，大家都等着他的号令。"九六决战"期间，赵志全带着两个司机窝在一辆普桑车里，9天18城拜会客户，督导业务将士。凌晨2点，赵志全可能还在电话里给区域经理和一线营销员直接下命令。

吉姆·柯林斯（Jim Collins）和杰里·波勒斯（Jerry Porras）合作的《基业长青：企业永续经营的准则》里，特别提出领导人要从报时者转变为造钟人。企业不能指望领导人下每个命令告诉大家该做什么、不该做什么。组织可以被依靠但不能被依赖，领导人是制度和体系的搭建者，是价值观的引领者。笔者感同身受赵志全作为企业家的创业艰辛，崇敬他将校办作坊发展为万亩工厂的惊人业绩，尊敬这位"时代楷模"顾大家舍小家的人生追求，更要赞赏他的非血缘传承模式对中国民营企业现代化转型的重要意义。

赵志全选择非血缘传承继续鲁南制药的未竟事业，对中国民营企业家来说更具有超越时代的意义，也引发了我们的一系列思考。

首先，企业究竟为什么存在？

在过去的商业发展中，企业往往以股东利益最大化为首要目标，改革开放一代企业家的创业初衷也大多来源于改善生活条件的朴素追求。然而，随着对产品质量、工作环境、消费者权益和绿色发展等一系列问题的重视，企业家也正在反思自身在当代及未来的应有角色。2019年8月，苹果、百事可乐、沃尔玛等美国181家企业代表联名发表《企业的目的》宣言，强调将不再独尊股东利益，而将更重视对员工、顾客和社会的责任，企业的首要任务是创造一个更美好的社会。事实上，企业经营和财富创造是企业发展的一体两面，而企业发展的最终目的应是为社会创造更多的价值。企业的持续发展为股东、员工家庭、地方政府等一系列利益相关者带来了持续的经济收益，能够改善人们的物质基础和生活水平；而生活水平的提高进一步激发人们追求更高层次的自我实现和社会价值，进一步促进了企业的高质量发展，而企业本身则成为经济社会进步中必不可缺的推动者。仅仅追求财富利益的企业家难以具备引导企业长期持续发展的能力，而一味追求社会效益的企业也很难健康地自我造血。对于赵志全来说，相比个人财富的收获，他更看重的是企业的未来发展、员工的生活幸福、用药者的身体健康，真正将企业的发展和社会利益完全结合起来，于是他从集体手中接过企业，再将企业交给更适合的经营者。非血缘传承的选择生动地诠释了企业生存的意义——让人民生活更美好，而财富既是意义的工具，也是意义之下的产物。

其次，企业应该属于谁？

明确了企业存在的意义之后，企业应该属于谁的问题也就有了答案。如果一家企业的目的是实现可持续发展，为所有利益相关者和社会创造更多的价值，那么企业应该属于最能实现这一目标的人。"属于"一词可以从两方面来理解。一方面是经营权属，即由谁来掌舵企业的未来发展。鲁南制药的非血缘传承告诉我们，接班人必须具备与上一代领导人相同甚至更高的格局和视野，以及协调各利益相关者诉求的能力，才能在保证企业持续平稳发展的同时实现企业家初心的传承和企业使命的延续。另一方面是所有权属，即企业的剩余索取权。创业之初，企业家往往凭借自己的原始资本和非凡的企业家才能为企业的发展奠定了良好的基础，但在他们逐渐年迈、寻找继任者的时候，紧握股权已无法实现企业的持续发展，无论是子女接班还是非血缘传承，这时的企业家才能都是相对于资本而言更为稀缺的资源。

在代理理论中，股东所有权和职业经理人经营权分离带来了较高的代理成本，其中信息不对称可能会导致道德风险甚至逆向选择。因此，高管股权激励成为让经理人与企业共担风险、共享收益的常用方法，进而极大激发了经理人的能动性，同时降低了代理成本。因此，企业应该被交到最愿意奉献和能够胜任的人手里，正如德国戏剧家布莱希特在他的《高加索灰阑记》中提出的命题那样："世间的权利都不是上天赋予的；山川土地不应属于地主，而应该归于能够开发、热爱它们的人，其他一切事物也是如此。"所有的一切应该归于善于对待的人：孩子归慈爱的母亲，而不论是亲生还是养母；车辆归好车夫，开起来顺利；山谷归灌溉人，好让它花果遍地。当企业的车轮转得越来越快的时候，如果硬要把企业交给不能驾驭的孩子，那么谁应该对车毁人亡的悲剧负责呢？

最后，如何在传承中实现利益相关者的共赢？

赵志全既没有选择最亲近的人，也没有选择职位最高的人来接替自己身上的重担，而是通过重重考察选择了与自己的性格和理念有诸多相似之处的张贵民。张贵民不代表任何一方势力的利益，也不屈服于任何一方的压力争夺，而是以鲁南制药的发展为根本基点，带领所有利益相关者共同将蛋糕做大，以实际行动践行着赵志全的"时代楷模"精神和理念：以提供高品质的药为企业的本职工作，为社会创造更多财富；以教育和培养人才为企业最重要的社会责任，无论是业务骨干的创新进取还是普通员工的爱岗敬业，提高员工的核心竞争力、事业成就感和生活幸福感才能提升企业本身的竞争能力和创新活力；同样，在发展的同时做好环境保护是企业必须主动承担的责任，先富带动后富、回馈地方发展更是企业发展起来后应尽的责任。从高管到普通员工，从文体活动到教育保障，从质量为先到无偿捐赠，无论是赵志全还是张贵民，都以全员共享、全面共享、共建共享的实际行动践行着超越时代的共同富裕理念。

◉ 遗嘱传承的利与弊

赵志全非常罕见地使用了遗嘱的方式完成鲁南制药的非血缘传承。在系统讨论遗嘱传承的利弊之前，请让笔者先为大家讲讲中国历史上秘密立储的由来，虽然皇权传承与企业传承有很多区别，但若单纯就人事更迭、权力转移的角度考量，两者的相似性其实更为显著。在这之后，我们就会发现赵志全的抉择是多么艰难、多么决绝，却又多么符合他为企业殚精竭虑的本心。

在中国历史上，传承方式总体来说无非是立嫡以长、任贤以能，可究竟是选嫡长还是选德才，各个朝代甚至各个皇帝的侧重也均有不同，从最早的军事民主推选首领到固定的世袭制，从太子东宫制再到秘密立储制，都意味着先人们始终在进行尝试，并不断优化传承制度。我们知道中央王朝兴衰交替的原因说到底是好皇帝和坏皇帝的选择问题，而传承制度就是保证皇位稳固和皇帝质量的关键。

在漫长的中国历史上，清代康熙皇帝第一个采用了秘密立储制度，这不仅是因为他两废太子胤礽，导致后期朝局过于复杂，更源自他对历朝历代皇位传承的总结和思考。例如，在唐代被立为储君的 31 人中，以嫡长子身份被立为太子者 14 人，但只有 4 人以嫡长子身份继位。太子这个身份，其实是高危的。明代是遵循嫡长子继承制最为严格的朝代，除明成祖朱棣发动靖难篡位之外，所有皇帝都是由其出身决定的，但是我们知道，明代皇帝就是俗话说的一代不如一代，长于深宫而无为于天下，大多十分平庸，甚至还有格外昏聩者。

冯尔康在《雍正传》中指出，嫡长子任太子的培养和继承制度有两大缺陷：一是众皇子与太子的矛盾，因为既是同胞又是同样在朝为官效忠父君，共同从事政务，各有势力各有竞争，交叉和冲突难以避免；其二是储君与皇帝的竞争。[1] 笔者根据基拉尔（Girard）所著的《欲望几何学》概括总结出权力交接背景下的"两难困境"：在任的人对继任者有期望，他们觉得孩子模仿自己，这让他们感到满足。另外，当孩子模仿倾向特别严重的时候，反而会导致一

---

① 冯尔康. 雍正传[M]. 北京: 人民出版社, 1985: 12

种竞争。因此，冯尔康指出，在嫡长子继承制度中，只有太子、皇子均退出行政体系，才能减少父子、兄弟竞争的情况发生。但甘蔗没有两头甜，为此，太子的能力无法得到锻炼，最终就可能成为无能的皇帝。

在中央王朝 2000 余年的历史上，清朝初期的几位皇帝不论是在责任心还是勤政程度方面，与其他朝代的皇帝相比都略胜一筹，这显然要归功于秘密立储制度。因为该制度在漫长的考查和筛选过程中，已经将不适合该位置的继承人淘汰了，再辅以清朝皇子接受的高强度的教育方式，从而有了清朝几位开创盛世的皇帝。该制度可以保护皇帝认定的接班人，也可以让皇帝有较长时间来考察潜在继位者的能力和品德，同时还在某种意义上保护皇帝和朝政。如果选择的太子和公认能干的皇子之间争斗的话，就会发生类似唐代"玄武门之变"①的惨剧。康熙皇帝在生命的最后阶段，也对其他皇子和文武大臣做出了一系列出人意料的安排，但如果从已知雍正继位的事实进行反向推理，人们就会发现这些努力其一为雍正可以顺利登基做足了准备，其二也能让雍正登基后不会清算攀附皇子势力的权臣，从而导致自己无才可用，其三则希望其他皇子们得以保全性命。康熙皇帝可谓用心良苦。他阳寿69 岁，这也使得他有较长时间来尝试不同的立储模式并进行纠错，

---

① 玄武门之变，是唐高祖武德九年六月初四（公元626年7月2日），由当时唐高祖李渊次子秦王李世民在唐王朝的首都长安城（今陕西省西安）太极宫的北宫门——玄武门附近发动的一次政变。在这次政变中，李世民亲手射死了太子李建成，事后李渊立李世民为太子，两个月后禅让皇位。

其结论是——秘密立储制具有明显的综合优势。

企业家所做传承的安排其实与康熙的帝王心术是同一逻辑的产物。赵志全不公布自己的接班人计划，就相当于皇帝采取了模糊策略，某潜在接班人的言行都可以被现任者一览无余。遗嘱指定的接班人是赵志全经过长期观察，甄别众多潜在接班人后做出的最终决断。随着身体的全面恶化，仍然不公开接班人身份而采用模糊策略，有利于选拔人才，尤其是有德行的人才，也有利于保护内心早就选定的接班人。"遗诏"式非血缘传承，代表他选择离世后才公告大家，这个决断甚至连他自己都没有反悔的机会。

有人会问：如果赵志全提前宣布接班人，然后扶上马送一程不是更稳妥吗？

实事求是地说，用遗嘱方式来指定接班人，与现代公司治理架构存在一定的冲突。虽然赵志全的遗嘱用词是准确的，他的遗嘱是"提议"张贵民接任集团公司董事长、总经理、党委书记以及他在公司的其他职务。但是如果赵志全在鲁南制药并没有什么影响力的话，那么他的提议很有可能会被忽视。①

　　然而，鲁南制药的治理结构一直以来都是围绕着以赵志全为核心的"内部人"控制，即控制权和经营权集中于赵志全一人，缺失真正意义上能对经营班子形成制衡的董事会。一方面，董事会5位成员都是公司高管团队的主要成员，这样一旦高管团队发生意见分歧，就无法用董事会来进行决策和纠偏。在赵志全作为公司绝对权威的情况下，董事会和经营团队的行为高度一致，有利于公司尽快地做出决策并快速执行。另一方面，鲁南制药由于股权分散，股东大会并不容易召开，即便召开也是由个人持股比例并不高的实际控制人赵志全掌控，董事会也没有发挥重大决策的作用，更像是为符合《公司法》规定而设置的一道可有可无的程序。

　　从赵志全的角度看，他是在为鲁南制药选择合适的新一代掌门人；但是从理论上，不用说董事长的职位，即便是董事的任命，也应严格遵守公司章程，经过股东大会的投票，从程序上确保股

① 在作家豆豆备受好评的小说——《遥远的救世主》的开篇中也有一个遗嘱传承的故事。正天集团老总裁临终提议年轻的副总韩楚风接任他的岗位，但是董事会考虑的不是老总裁的提议，而是公司的利润。韩总资历较浅，不如其他两位副总，老总裁的提议客观上令韩总成为其他成员的共同敌人，所以韩总就听从朋友的建议退出竞聘而埋头自己的工作，让另外两位资深副总之间的斗争转化为主要矛盾。果然，代理总裁和业务副总开始了激烈的权力争夺，最终董事会投票决定还是由年轻的韩总来担任总裁。这个故事虽然是虚构的，但确实反映了董事会领导下的总裁继任问题的常用流程和内在逻辑。这里不仅要考虑到前任提议的人选，还要考虑到潜在候选人之间的复杂利益关系和斗争。小说中的韩总之所以能如愿以偿，除了两位资深副总互不相让的争斗之外，董事会能够严格遵守集体表决产生总裁这一规则至关重要，最终从制度上保证了董事会能够做出有利于企业发展的人事决策。正天集团的董事会成员不仅包括公司经营班子主要成员，也包括大小股东、其他利益相关者和独立董事。

东的权利。一位呕心沥血的企业家，在原有的制度框架下选择了一个接班人继续自己未竟的事业，而打着企业家个人印记的制度框架和权力结构并未随着赵志全的离去而进行明显的调整。一方面，评判董事长、总经理是否勤勉称职，确实是董事会的职权范围，接替赵志全"企业内一切职务"的张贵民理应受制于董事会。另一方面，除张贵民之外的各董事又同时为副总经理，是张贵民的下属。这样的制度设计和多重角色交叉就必然无法解决意见不合的问题。因此，以遗嘱的方式指定接班人，也为2017年之后发生的"鲁南风波"埋下了伏笔。

7.3 鲁南制药是否经得起非血缘传承

◎ "鲁南风波"的跌宕起伏

2014年赵志全去世后，鲁南制药董事会通过了其遗嘱提名，任命年轻的张贵民接任赵志全在企业的一切职务。张贵民开始掌舵鲁南制药的经营发展。然而，随着时间的流逝，和赵志全共同打拼的元老逐渐有了不服之心，最终于2017年上演的"政变"使董事会一度陷入僵局。

2017年3月2日，鲁南制药集团董事、副总张则平，李冠忠，张理星及集团副总兼总会计师王步强4位元老，以董事会成员名义要求召开董事会罢免张贵民公司董事长、法定代表人及总经理职务，同时提名张则平先生为集团新任董事长及法定代表人，王步强先生为集团新任总经理。同年3月6日，赵志全的女儿赵龙提议召开临时股东大会，提出了包括注销鲁南制药回购的1600万股份，明晰公司股权结构，选举新一届鲁南制药董事会成员和领导班子以及放弃新时代药业上市计划并推动鲁南制药集团有限公司上市等议题。

次日，张理星发表了关于撤销"关于提请鲁南制药集团股份有限公司召开董事会更换董事长、法定代表人及总经理的提案"的个人声明。在声明中，他提出自己是在被欺骗的情况下盲从签字，并表示坚决支持前董事长、总经理赵志全的遗嘱安排，支持公司稳定长远发展。同日，鲁南制药发出红头文件宣布免去张则平、李冠忠集团公司副总经理职务，免去王步强集团公司副总经理兼总会计师职务以及张理星集团公司副总经理职务。最终，除了张理星以外的上述3位元老都暂时离开公司。

3月底，张则平、李冠忠和王步强3位元老向临沂市兰山区人民法院提起诉讼，认为被告一张贵民在未召开董事会会议、未提请董事会表决、亦未做出董事会决议的情况下，以被告二鲁南制药集团的名义违法做出的免职决定违反了公司章程的规定，超越了应由董事会行使的职权，上述免职决定自始不发生法律效力。

双方对簿公堂，僵持不下，而集团董事会由于作为董事会成员的3位元老不在公司内，无法正常召开并履行职责，彻底陷入僵局，最终三元老退出董事会，新的董事会完成换届，鲁南制药的董事会控制权之争正式告一段落。

除了董事会的内部风波，鲁南制药的股权纷争也成为媒体和社会关注的焦点。

2001年，鲁南制药与美国凯伦实业有限公司（以下简称"凯伦实业"）签署委托持股协议，由后者为鲁南制药代持25.7%外资股权。随后经历一系列的股权变更，该部分股权过户至英属维尔京群岛安德森投资有限公司（以下简称"安德森"）名下（除鲁南制药，安德森还持有集团中其他子公司部分股权，本节将其视为同一性质一同讨论），安德森股权全部由凯伦新时代投资控股有限公司（一家英属维尔京群岛公司，以下简称"凯伦新时代"）持有，而赵志全是凯伦新时代的唯一股东及董事，并代表凯伦新时代成立股权信托，将其名下安德森的股权作为信托资产，由凯伦新时代作为委托人和唯一受益人，并享有撤销信托和变更受益人的权利。赵志全临终之时，除了将公司经营权以遗嘱形式全权交给张贵民外，还向境外信托管理人发布指令，将信托财产即安德森股份过户至女儿赵龙名下。此时，鲁南制药的股权归属问题虽未彻底爆发，但核心问题已经初露端倪：安德森及其持有的鲁南制药股权，究竟是赵志全作为鲁南制药的法人通过一系列境外股权架构安排为鲁南制药代持该部分外资股，还是其作为个人真正拥有股份的实益所有权（即不拥有股权的所有权，但拥有该股权的收益权）？赵志全将安德森股权过户至女儿赵龙名下的指示是否有效？

所以核心问题就在于，赵志全是否以自己的名义购买了公司的四分之一股权。鲁南制药认为，安德森持有的全部鲁南制药集团下属子公司股权均为公司支付，外资股份最终归属公司，仅由境外实体代持；而赵龙却认为该款项由父亲赵志全通过先向公司借款、后用自己薪酬奖金逐步还清，该部分股份应属私人所有。

随着矛盾和冲突的进一步升级，2017年，鲁南制药控制权问题和外资股权归属问题交织纠缠在一起，集中爆发。2017年，该股权归属问题诉至英属维京群岛东加勒比海最高法院，但由于疫情等多种原因一直到2021年该案件才做出最终判决。

同时，2019年鲁南制药向临沂市中级人民法院起诉安德森，希望依法确认鲁南制药与安德森之间的委托持股关系并予以解除。法院最终判决认可安德森与鲁南制药之间的委托代持关系，并确认在鲁南制药书面通知解除委托持股通知书后，原委托代持关系解除。临沂中院认为，2001年委托持股协议不违背我国法律强制性规定，应为有效协议；2006年将该持股协议的权利与义务转让给安德森，亦有效；2019年9月，鲁南制药书面通知解除委托持股通知书后，安德森应予以处理。双方针对股份所属权意见一致，该诉讼很快结束。2021年7月，东加勒比海最高法院发布判决书，基于BVI（英属维尔京群岛）法律及诉讼程序，大法官认为赵龙对安德森股权的主张有效，同时认为临沂诉讼的判决结果无法确定安德森和鲁南制药之间的任何股权归属。

早在2017年"政变"发生之时，鲁南制药控制权之争和公司治理问题已被社会所关注，而当控制权尘埃落定、企业经营步入正轨加速发展之时，东加勒比海法院判决书在网络的公开流传令社会舆论再次沸腾，一时间"狸猫换太子""赵氏孤儿"等极具煽动性的言论沸沸扬扬，不少公知鲜明站队，为鲁南制药的正常经营甚至股权信托带来了极大的舆论压力。

在公众舆论面前，鲁南制药再次选择了沉默。本书截稿之时，面对来自中国法院和 BVI 法院两份截然不同的判决，外资股权纠纷仍未走向大结局。一方面，BVI 的案件仍在上诉阶段，未来变数仍未可知，而境外判决也最终会面临跨境执行的问题；另一方面，作为中国民营企业制造业 500 强、中国医药工业名列前茅的鲁南制药，巨额股权归属将最终影响诸多社会公众利益，境内诉讼必不可免。

● 关于股权纠纷的几个基本事实

关于鲁南制药外资股权的最终归属纠纷，本书不做详细讨论。读者若有兴趣仔细阅读东加勒比海法院长达 84 页的判决书，也自会在客观和中立的基础上看待此事。虽然股权归属最终需待境内法院做出最终判决，但本书却可以从企业发展脉络和赵志全的成长逻辑中稍作窥视。

关于 2001 年境外公司代持鲁南制药股份的事实各方均无争议，但其后赵志全是否利用自己的奖金购买了相应股份，并最终完成了公司股份的私有化呢？在诉讼中，鲁南制药与赵龙各执一词，均未能提供法官认为直接有力的证据。但根据本书前部分所述，基于几个基本事实我们可以稍作分析。

首先，赵志全有没有足够的资金购买境外股权？

鲁南制药提供给东加勒比海法院的证据表示：2004 年，赵志全有权获得 1126 万元奖金，但并未提供 2003 年及以前的奖金数额及证明。法官认为鲁南制药故意隐瞒相关证据，因此推定赵志全在 2003 年及以前应该也获得了不菲的奖金收入，完全有能力支付相应股权的对价。鲁南制药却表示，公司从 2004 年才开始首次分配奖金，之前只有正常工资，故根本不存在奖金发放凭证，更不存在证据隐瞒问题。

"九六决战"之后，赵志全真正确立了鲁南制药的绝对领导地位，从科研和市场、人才和技术等多维度全力带领企业向"百亿鲁南"的目标迈进。1999 年，赵志全开始带领鲁南进入企业密集扩张改建、大规模投资布局新时代的阶段，直到 2003 年末，新时代、厚普、贝特正式投入生产，这为鲁南未来 20 年、迈向千亿规模奠定了雄厚的发展基础。在此阶段，本来现金流就相对较差的医药类企业正是需要大规模资本的时候，为高管分配高额的奖金，既不合团队凝聚之情，也不合财务约束之理。

2004 年开始，企业陆续向高管发放了奖金激励。赵志全生活朴素简单，又全心扑在企业经营管理上，出于对企业财务状况的支持并未全额提取奖金，而是由王步强代为记录管理日常开支和投资，并从 2006 年开始陆续支付女儿留学费用、婚礼等大额支出。直到其临终之时，才在遗嘱上以个人贡献申请 1200 万元奖金，以保障身后家人的生活。由此可见，赵志全的财务情况并非外界所猜想的那样随着企业发展而盆满钵满。对私人财富的追求让步于企业的持续发展壮大，正是赵志全堪为"时代楷模"的生动写照。

其次，赵志全有没有将企业股权据为己有的私心？

1994年股份制改革开始，无数国有企业、集体企业划归私有，而鲁南制药又恰恰是大家长式的绝对领导环境，在这样的背景下赵志全有太多种方式、太多次机会以合理合法的方式实现股份私有制转化，企业没人敢反对，也没人能反对。但赵志全没有这样做，反而让员工持有更多股份，自己以极少的股权保证了对企业的绝对控制。作为一家社会企业，权和利本就是相辅相成、相互制约的，更多的股权的确会带来更多的控制权和个人收益，但同样也不利于团队的凝聚和广泛的员工激励。赵志全以其独特的经营领导才能，始终保持着不超过10%的少数股份，却以绝对领导的地位带领鲁南制药全体员工奋勇拼搏，共同做大蛋糕、分好蛋糕。

随着身体状况的不断恶化，赵志全将更多的精力扑在了企业的发展和未来上，但与此同时，他对家人的愧疚和眷恋也越来越深。临终前的一段时间，赵志全在电话中多次与律师讨论遗嘱传承的问题，但对如此复杂的股份安排却从未有机会咨询律师，以至于去世前做出了令人费解的股权转让指令。至于其初衷是希望女儿能接替自己继续为企业代持，享受股权的稳定分红保障其一生无忧，还是希望女儿凭借超过四分之一的股权介入公司经营，就不得而知了。

最后，什么是赵志全最重要的遗愿？

临终之时，赵志全的身体已经濒临崩溃，而管理环境的复杂性也促使其采取了遗嘱式传承这一特殊的传承模式，出乎所有人预料地将企业经营的方向盘交给了张贵民。其生前无论是有意无意的考察，还是任命张贵民为监事会主席的不断磨炼，都充分证明了其对接班人选择的深思熟虑。与台面上的传承安排相比，赵志全对企业股权的幕后操作却明显有些仓促，前后行为的矛盾是真实存在的。赵志全一方面在公开的遗嘱中希望基于个人贡献申请奖金留给家属，另一方面却又在私底下给了赵龙一张股权转让指示函，最终引起了如今的巨大纷争。他无法预料事情后续的发展，但当下的股权纠纷无论最终结果如何，都将成为企业发展的阻碍和消耗，而这一定不是他想看到的。

作为鲁南制药"大家长"的赵志全对企业的发展满怀期望，但长久以来对家人陪伴的缺失也同样让他背负了极大的愧疚。最终时刻身体和环境的诸多限制，或许使其无法做出更合情、合理、合法的选择，但他的选择也再一次让我们清晰地看到：企业为大，企业优先。股权是传承的核心，但传承的内涵远不止股权。在这样一个传承场景下，企业经营的安排是赵志全心目中最重要的事情，因此他想尽办法隐瞒自己的病情，秘密考察潜在接班人，最终采取遗嘱的形式完成传承。这样的非血缘传承安排已经实际发生，且如今已经有了成果，百亿鲁南再次踏上千亿征程，而股权安排仅仅是这个场景下的需要完成的一件事，并服从于事业的传承安排。

父亲临终之时"留给"女儿巨额遗产，女儿全力争取合情合理。只是这巨额财富究竟是否属于父亲，合情合理但是否合法，仍需等待时间和事实宣判。同时，即使是父亲和女儿，有时利益也不完全一致。对父亲赵志全来说，传承中控制权与股权分离的安排最终是为了企业的长远发展，这样所有相关方都能享受企业发展带来的红利，将企业家的"大梦"传承下去。所有的纠纷和冲突都不应无视赵志全的大局意识和责任担当，无视鲁南制药服务社会的本质初心和理念。

◉ 为什么有"鲁南风波"？

按照韦伯的权威理论，一般正当支配的组织合法权威可以分为传统型权威、魅力型权威和法理型权威。传统型权威是指基于传统的习俗约束，一直以来便存在的、有不可更改的运行方式（如世袭、封建等）的权威；魅力型权威是指建立在对领袖的个人魅力或超凡能力的崇拜基础之上（如教会长老等）的权威；法理型权威是基于对已制定的规则之合法性的信仰，以及对于领导者发号施令的权力的信仰（如官僚制）。笔者认为，中国的企业家权威多了一种绩效型权威，也就是谁有绩效谁就获得合法性，这是一种实用主义的权威观念，但是其权威性的基础比较脆弱。

遗嘱式传承的基础在于对传承标的的所有权，继而衍生出控制权威。

控制权威的其中一种情况往往应用于中央王朝的皇权继承。天子的权威来自皇室正统有规律的循环，文臣武将捍卫体制，使得小皇帝也"莫名其妙"地被赋予了尊严（传统型权威）。

另一种情况则广泛应用于私有产权。在现代企业制度已经相当成熟的西方世界，企业创始人天然拥有企业的财产权利，经营控制的权威来源于明晰的产权划分（法理型权威）。中国20世纪90年代开始的国企、集体企业改制浪潮，以股权对价激发了企业家的巨大能动性，极大促进了市场经济的发展。在东南沿海一带，较高程度的市场经济基础使得改制总体较为通畅，原来的企业承包者、厂长手握公司股权，从打工人到所有者的身份转变得到了职工、政府等当地社会的广泛认同，控制权天然来源于所有权。而在山东临沂这样的革命老区，社会文化崇尚奉献与牺牲、责任与担当，赵志全承包药厂后虽然全面掌控了鲁南制药，但"公司是我的"意味着更艰巨的责任，意味着他只掌控鲁南制药还不够，必须带领所有员工创造更好的生活，为社会创造更多价值，也正是这样的理念和精神最终成就了他"时代楷模"的殊荣。他本人始终没有染指公司的大多数股权，而是全力以赴带领企业腾飞发展，只在几次员工持股激励中和其他人一样认购了占比极少的股份，以至于作为法人代持公司境外股份的行为最终引发了身后纠纷。

权威作为合法化的统治是一种规范统治，上级要求下级依从是以下级的同意为基础。如果赵志全健在，无论他持有多少股份，鲁南制药的控制权在所有人眼中都理所当然地只集于他一身（魅力型权威和绩效型权威的集合），董事会这样的现代企业治理架构也自然形同虚设，赵志全只以个人的魅力权威来让员工自觉地追随。在鲁南制药，得以重画人生轨迹的革命老区年轻人视赵志全如君如父。他们需要事业的主心骨，需要在舒适区里享受安逸时敲响警钟的人，需要无私奉献但对自己近乎苛刻的"衣食父母"。赵志全这位英雄式的人物，因为非凡品质受到他人敬仰和热爱。"打黑枪"事件、"九六决战"、万亩工厂前瞻性布局、与病痛斗争12年、个人放弃持大股、自己简陋的宿舍……一系列的事件打造出了光辉的形象，被下属由衷地信赖和崇敬。

如果领袖的领导行为长期不能给追随者带来利益，感召权威很可能会消失。这一点上，赵志全做得很好。他给了员工一系列大到住房，小到防寒服和自行车等在临沂首屈一指的福利安排，临终前还特别给员工提薪，员工自然会因为赵志全的一系列举动而服从和尊敬他。企业上下的追随者对赵志全这位领袖不仅有认同还有移情等心理作用，因为他不仅帮助自己成功，还能解决自己焦虑不安等心理问题。这也是赵志全离开之初，其遗言仍然具有较大影响力的原因所在。

但是，英雄已逝，时间流逝，遗言的影响力日渐式微是必然的结果。随着这位"受望过重"的魅力型领导者驾鹤西去，追随者与赵志全的关系变得脆弱。不满足于赵志全临终安排的各类利益相关者，比如公司"三元老"，比如赵氏家族成员，开始挑战接班人的地位。张贵民自然没有皇权的传统权威，当时也没有赵志全的魅力权威，更没有建立在现代公司治理基础上、以股权为基础的法理权威。接手企业不久的他还做不到像赵志全那样控制企业。公司股东依法享有资产收益、参与重大决策和选择管理者等权利，无论是公司"三元老"，还是赵氏后人，甚至是张贵民，都没有显著的大股东地位。很快，各方势力争取社会股东投票权的工作马上展开。众多散户型小股东，从没有哪一个时期像现在这样受到各方力量的尊敬。"散户们"也是颇为不易，眼看公司在20世纪90年代后期渡过了生死存亡的关口，几乎无从参与决策，也没有多少分红的情况下，由着企业家高杠杆开始了在费县购买8600亩土地建设新时代药业。当然，用现在的眼光看，没有赵志全早先的布局，现在的鲁南制药也承载不了百亿企业、千亿梦想，但在鲁南制药发展的过程中，小股东们确实没有充分享有资产收益、参与重要决策的应有权利。"鲁南风波"是在现代产权制度没有确立、所有者虚置情况下，由于企业内部控制人无法统一而引发的权利之争。彼时的张贵民，虽然看似拥有党委书记、董事长和总经理之名，但是还没来得及像赵志全那样有"内部人"之实。既然赵氏家属以及公司元老在没有公司法的支持下，发起了挑战，那么张贵民也同样在没有公司法支持的基础上予以反击，抢先免去三元老的高管职务，随后，他们自行离开公司。

2017年发生的"鲁南风波"非常典型地说明了魅力型权威的不可传承性和绩效型权威的脆弱性，在一个产权明晰的组织中，制度赋予的法理型权威可以弥补因高管团队理念差异而引发的内斗干扰，为企业的持续经营和稳定发展带来更坚实的制度保障。经过这场风波，相信张贵民不会重走赵志全魅力型权威的老路，而是会构建属于这一代企业家的法理型权威。在这种模式下，下属虽然依从上级，但是不会有个人依赖，更不会有个人崇拜，只是在有限的范围内（比如在某类工作上）才听从安排，这种依从来源于对规则的预见性和公正性的信任，上级领导对其而言具有明显的非人格化特征，适合现代企业内科层制组织体系，也与企业之外市场交易规则的非人格化一致。赵志全是报时者，全公司等待他告诉大家时间，张贵民要转变为造钟人，体系建成之后人人都知道如何看时间。组织可以被依靠但不能被依赖，领导人是制度和体系的搭建者，是价值观的引领者。实现张贵民的梦想，依赖于那场 20 世纪 90 年代的股份制改造得以持续并完成。奔向千亿的鲁南制药，需要法理型权威企业家，服从者所服从的是法律，是规则和等级，而不是某个具体的人。

● 鲁南制药如何走出困局

虽然在当时的环境下，赵志全不得不采取存在风险的遗嘱传承方式实现经营权的传承，在原本产权不明晰、公司治理不规范等制度环境的催化下最终导致了 2017 年之后的控制权和股权之争，但恢复元气和稳健发展的鲁南制药仍然需要进一步迈向现代化企业管理，避免出现下一场"鲁南风波"。

一方面，赵志全绝对领导下的鲁南制药集团的公司治理出现了大问题，改善公司治理成为实现"千亿鲁南"战略必须夯实的制度基础。

对公司治理的理解一般有狭义和广义之分。狭义的公司治理是指所有者（主要是股东）对经营者的一种监督与制衡机制，即通过一种制度安排，合理地配置所有者和经营者之间的权利和责任关系，借助股东大会、董事会、监事会、经理层所构成的结构来实现内部治理。其目标是保证股东利益的最大化，防止经营者对所有者利益的背离。显然，从这样的定义出发，鲁南制药属于弱势所有者和强势内部人控制的状态。1994年，企业在改制以后并没有出现明确的控股大股东，社会股东分散而国有股对于企业的经营没有很大兴趣，也不看好企业的未来，因此国有股在政策允许下就选择了退出。在这种特殊背景下，鲁南制药在企业发展初期处于企业家领导的阶段，缺乏控股股东的监督、关心和支持并不会给企业发展带来不良影响，而且当企业经营者全力以赴为企业谋发展的时候，较低的沟通决策成本反而是一件好事。

我们也可以从广义的公司治理来看待鲁南制药。广义的公司治理不局限于股东对经营者的制衡，还涉及广泛的利益相关者，包括股东、雇员、债权人、供应商和政府等与公司有利害关系的集体或个人。公司治理是通过一套正式或非正式的、内部或外部的制度或机制来协调公司与所有利益相关者之间的关系，以保证公司决策的科学性与公正性，从而最终维护各方的利益。因为在广义上，公司已不仅是股东的公司，而是一个利益共同体，公司的治理机制也不仅限于以治理结构为基础的内部治理，而是利益相关者通过一系列的内部、外部机制来实施共同治理，治理的目标不仅是股东利益的最大化，还要保证所有利益相关者的利益最大化。按照上述有关鲁南制药的历史发展叙述，或许更应该从利益相关者的视角来看待鲁南制药的独特治理模式。

鲁南制药非常重视员工的生活和成长，因此企业对员工有极强的吸引力和凝聚力，员工不仅把鲁南制药看作发挥自身聪明才智、不断获得成长发展的就业机会，更把它看作可以终生相托的事业共同体。企业本来是经营共同体，但是当企业领导和员工把企业看作事业共同体，当企业上下都获得一种长期导向和组织认同的时候，企业组织就成为德国社会学家滕尼斯在《共同体与社会》一书中所谓的"共同体"了，即如家庭、家族和传统社区那样通过长期交往所建立的深厚情感、忠诚和关爱。在漫长的岁月中，人们会把从共同体发展到以契约为主要纽带的"社会"的变迁等同于现代化和进步。

另外，随着鲁南制药的员工人数规模、产品类别和产量规模不断增加，研发和营销的复杂性不断增大，传统集权式的管理模式面临巨大挑战，因此如何改进集团治理、改进不同类型员工个人和团队的考核模式和成长模式，将是未来鲁南制药改革的方向和重点。可喜的是，鲁南制药目前已经开始进行集团治理方面的探索，董事会、监事会逐步完善，绩效考核改革稳步推进，员工培养及干部培训日趋正规，干部考核及员工晋升体系也正在逐步推进。

另外，鲁南制药需要进一步明晰产权，建立与贡献相匹配的激励体系。高质量发展就是要呼唤企业家精神、呼唤企业家经济。产权改革的核心在于如何明确统预每个员工的价值，企业家的价值如何体现。产权经济学认为，由于企业里的每个员工是否辛勤付出很难得到精确衡量，看似"996"的员工未必都是在努力工作，薪酬与贡献一旦对应不起来，人们就会偷懒。企业里，内部员工之间的工作是相互依赖，团队工作模式必然要求有人能够站出来担当监督者的角色，以其赏罚分明的态度来推动组织提升效率，这个监督者工作的激励来自于何处呢？以股权之名收获支付给其他员工工资后的企业剩余，分享的剩余越多，监督他人的动力就越强。这样的管理者不仅收获剩余，也要承担可能的损失。

从管理者到企业家还有一项惊人跳跃，那就是不仅收获管理的剩余，还能收获创新和技术进步的溢出回报。企业家是稀缺资源，甚至是最稀缺的资源。不少明明拥有企业家才能的人为什么没有从事创业等经济活动？因为人力资本是天然的个人私产，如果其回报得不到市场价格的体现，无法分享到企业经营的剩余，企业家才能就不会被激发和激励。赵志全也许有更高的梦想，他是带领更多贫困老区员工奔向更好生活的"英雄式"企业家，他并不会因为没有股权而放弃时代赋予他的责任，也正是因为这样他才堪当"时代楷模"。接班人张贵民也同老领导一样，凭着对其知遇之恩的感念、对企业初心的信仰和对所有利益相关者的责任感，将自己的所有精力都扑在了企业发展之上，带领全体员工克服一个又一个困难，突破一个又一个边界。但是，张贵民的接班人将如何产生？第四代、第五代接班人又会如何？个人的突出能力和品行给企业经营带上了一抹英雄主义色彩，但缺乏制度机制的保障无疑让鲁南制药的未来充满了不确定性。

良好的文化与制度环境能够充分发挥企业家才能，企业家在创新、创造、获取高回报的同时也要承担可能的风险与损失。寻租型社会的企业家，热衷于操纵政治机器获得特权和补贴，即便获得财富的最终结果与创新型的差别不大，但是获取特权的再分配模式，需浪费大量的资源去进行不产生物质财富的活动。在他们身上，虽然创新和创业的企业家精神并不必然更少，但因为花费精力在资源的再分配上而不是新增资源上，其实与掠夺性剥削和暴力抢劫并无多大差别，其长期后果是既得利益集团对创新的抵制，从而降低了高风险的创新行为所带来的预期收益，同时将创业型的企业家逐出市场，出现劣币驱逐良币的后果。在山东，作为父母仍然鼓励孩子将来首选做公务员，实在不行至少也是进入国企等铁饭碗。这也是因为孔孟之乡的文化浸润，公务员等体制内的铁饭碗固然条件不错，也符合父母的期望，而儒商的以人为本，以诚立身，达则兼济天下则更令人敬佩。

商业竞争中，如果有太多的非经济因素束缚住了手脚，虽不是自废武功，但也损失了最宝贵的竞争力。在 20 世纪 90 年代，浙江、江苏、广东、福建等地的国有企业改革可谓"敢为人先"，想要发展的国有企业与其在犹豫中错失发展良机，不如改制彻底，将企业交给能人经营。没有清晰的产权和契约，就难以支持负责任的经济主体完全行使自己手中的权力，无法支持市场分工的细化和生产率的提升。未清楚界定的公地，往往无法避免"公地的悲剧"。如果国有不像国有，民营不像民营，长此以往，必然增加企业资产被攫取的机会和数量，不仅错失了企业发展的良机，更有愧于改革和发展的时代。反观北方地区，鲁南制药这样改制不彻底的企业具有一定的普遍性，缺乏制度保障的企业又将如何完成权力的更迭与经营的永续？因此，无论是鲁南制药的非血缘传承，还是极端条件下采取的遗嘱式传承，"鲁南模式"都是民营企业改革发展过程中的积极探索与有效尝试，最终在中国民营企业制度演变史上留下极富戏剧性和启发性的浓厚一笔。

第八章
共同富裕视角下的鲁南模式

金钱只是通向最终价值的桥梁，而人无法栖居在桥上。

——【德】西美尔《货币哲学》

制度不是理论的产物，而是在习惯、习俗、传统、思想、兴趣、法律、宗教等方面的经验的凝结。历史上许多伟大的制度绝不是制造出来的，而是成长起来的。它们是历史上一种最耐久的东西。

——【美】J. W. 汤普森《历史著作史》

有关改革开放以来鲁南制药及其 27 年掌门人赵志全的描述慢慢到了尾声。2014 年，赵志全永远离开了这个世界，但是其为事业献身的企业家精神、非血缘传承的无私探索和以人为本的理念实践对当下共同富裕背景下的民营企业发展仍具有超越时代的指导意义。若论企业经营，成就比赵志全更优的人有许多，但是他鞠躬尽瘁、百折不挠的个人特质让人感佩不已，从学校里那个热爱文体的阳光少年，到满头白发却神采飞扬的奥运会火炬手，他始终保持着这种精神特质。这种个人特质最终通过鲁南制药的成长发展，转化为"不怕困难、挑战困难、战胜困难"的企业精神。赵志全带领鲁南制药完成腾飞的同时，也完成了"造福社会、创造美好生活"的人生抱负。赵志全的发展历程是特殊历史时代和特殊地域文化共同作用的产物，他的思想和行为需要放到更广阔的社会背景下理解。

在本书的写作过程中，笔者的分析视角超越了一般企业管理的研究范式，不仅把鲁南制药作为一个制药行业快速成长、完成传承和发展的典型，更把它当作一种扎根于齐鲁大地特殊历史文化背景下的社会生态现象，进而深入分析这一社会生态现象产生发展的历史和机制。笔者希望通过这一更具整体性和历史性的分析视角，能够更好地探知、研判和剖析鲁南制药现象的来龙去脉，深刻理解鲁南制药在优秀企业家领导下筚路蓝缕、不断发展的正道沧桑，从而可以更好地学习和借鉴赵志全留给后人的丰富的精神遗产。

8.1 "时代楷模"：为事业献身的企业家精神

"药厂需要改革，改革需要献身"，这句滚烫的口号是 1987 年赵志全在竞标郯南制药厂承包权的时候提出来的，写出这句话的时候赵志全 30 岁。这是一个年轻人面临人生重大抉择时凭着满腔热血写下的，他肯定没有想到，会用接下来 27 年的艰苦卓绝来践行这个誓言，直至离世。在改革开放以来的社会经济建设大潮中，通过自身努力脱贫致富改变命运的人有很多，优秀的创业者或企业家也不少，但是像赵志全这样的企业家很罕见。不凡的行动源于伟大的思想，笔者根据鲁南制药的发展历史和赵志全生平的描述和分析，认为他的思想渊源有以下四个方面。

首先，儒家文化影响了赵志全的思想和鲁南制药的企业文化。传统儒家文化是浸润临沂地区最为悠久的文化，"仁、义、礼、智、信"的中心思想深深扎根于这片土地，在赵志全本人和鲁南制药的企业文化中有明显的体现。体恤职工是为"仁"，捐助社会是为"义"，善待客户是为"礼"，战略决策是为"智"，质优价廉是为"信"，赵志全用最朴实的传统道德观对待周围的利益相关者，他一手改造的鲁南制药，而鲁南制药的员工则传承了他的精神，并将这份传统价值观传递下去。

其次，"水乳交融、生死与共"作为沂蒙精神的特质，塑造了赵志全。赵志全的精神正是新时期沂蒙精神的高度体现，他虽然有众多机会将企业变为私有，但他却坚持将企业社会化，不负群众；当得知自己罹患癌症后，他选择秘而不宣，依然拼命干事业，将自己的生命奉献给了鲁南制药，这难道不就是"水乳交融、生死与共"吗？

再次，虽然赵志全承包郯南制药厂时，中国经济已经进入改革开放阶段，但那时计划经济的余晖还散落在中国经济生活的各个角落，尤其是临沂地区这个有着浓重红色基因的地区，政府和计划经济的影响可以说还是比较大的。赵志全承包郯南制药厂，发挥了改革开放所希望的调动企业家积极性的一面，同时也没有忘记计划经济时代"企业办社会"的浓郁文化。我们不应该简单地否定"企业办社会"现象，而是应该认真思考为什么企业有提供给员工各种福利的冲动，为什么员工有获得这样的社会福利的心理需求？这个问题值得思考。

最后，赵志全作为一个成功的企业家，保持初心，不受财富的腐蚀，始终保持持续创业、不断开拓的企业家精神，专注、不断创新、坚持研发的敬业精神，弃小家为大家、无怨无悔的牺牲精神和不断进取、为事业付出生命的献身精神。正是这些精神力量支撑着他几十年如一日地不断拼搏，忘我工作。研究赵志全和鲁南制药，对于每位参与者来说都是触摸和理解一位伟大企业家成长轨迹和心路历程的难得机会。这是一次学习之旅，也是感动之旅。赵志全的故事让我们再次理解，无论从事什么工作，人都是要有一点精神的，正如毛泽东主席在《纪念白求恩》中所说的："一个人能力有大小，但只要有这点精神，就是一个高尚的人，一个纯粹的人，一个有道德的人，一个脱离了低级趣味的人，一个有益于人民的人。"①

赵志全经过设置"重重考验"，最终决定把企业交给在性格上、思想上和自己有颇多共同之处的张贵民，希望他能和自己一样尽心竭力照顾好、服务好鲁南制药这个不断成长发展的"孩子"。张贵民接手企业后，几乎全盘传承延续了老领导的初心和企业家精神，也担负起了鲁南制药所有利益相关者的责任。一方面，张贵民倡导将赵志全的"时代楷模"精神融入沂蒙精神，修建赵志全纪念馆，建设"时代楷模"宣讲团队，对内对外大力弘扬赵志全作为"时代楷模"鞠躬尽瘁、大公无私的崇高精神和坚忍不拔、严于律己的优秀品质，并且和鲁南制药的所有员工一起，怀着对赵志全

---

① 毛泽东选集(第二卷) [M]. 北京: 人民出版社，1991: 660.

的敬爱之意，以实际行动践行鲁南精神，践行"时代楷模"精神。另一方面，张贵民坚守着为员工谋福利的初心，进一步提高职工待遇，加强职工的归属感和幸福感，与全体员工共建共享、与医生患者协同共赢，用实实在在员工收入的提高和对社会的贡献来证明赵志全超越时代的使命与格局。

8.2 非血缘传承：一个正在进行时的社会试验

按照本书的描述，鲁南制药从1994年改制开始就没有走上以个人控股股东的家族式企业经营模式之路，在27年的经营过程中赵志全也多次放弃了家族控股和家族经营的机会。更加重要的是，在接班人的选择上，赵志全义无反顾地选择了非血缘传承，用临终遗嘱传承领导权这样特殊的方式，保证他的继任者能够顺利接班。

作为市场经济中的民营企业，寄希望于涌现第二个赵志全、第三个赵志全，不计个人利益一心只为员工创造价值的领导人是不现实的。传统国有企业薪酬激励不足的顽疾导致了"大锅饭现象""五十九岁现象"，经营效率低下，这才有了国有企业的改革。鲁南制药无法回到传统国有企业的老路，但作为民营企业，未来仍然要靠一纸遗书来确定下一个接班人吗？接班人张贵民能够成功挺过"鲁南风波"，几乎"九死一生"，带领企业走出阴影，但好运不会永远在鲁南制药这边。只要没有按照《公司法》建立现代企业制度，公司治理水平持续低下，就会让本书开头部分的"鲁南风波"一而再、再而三地出现。长此以往，企业不仅难以吸引优秀人才，也难以留住优秀人才，千亿的目标更只会是永远的醉梦而已。

企业制度要解决的是两个问题：一是激励问题，二是经营者选择机制问题。[①] 企业的控制权（权力）应尽可能与剩余索取权（责任和风险）相匹配，如果实际控制人无须对权力的后果负责，那么真正负责任的形式权力也将无从谈起。同时，现代企业制度应该通过清晰的股权界定和规范的治理结构，确保由真正拥有企业的人来选择合格的经营者。对于家族企业来说：子承父业的模式是在一个利益共同体中实现控制权的传承过渡，剩余索取权始终掌握在家族手中；而职业经理人的传承模式看似将控制权和剩余索取权分离，但清晰的股权界定实际上为代理人的长期股权激励提供了必要条件，家族成员也并未完全撒手企业经营，最终职业经理人的权责依然较为对称。

鲁南制药的股权非常分散，既不同于家族企业，也不同于其他存在机构大股东的民营企业。在鲁南制药走向基业长青的征程上，赵志全需要的接班人应该是一个传承其精神内核、能够承担风险和以企业为己任全力以赴的企业家，而不仅仅是一个做好本职工作的职业经理人。我们尊重品格高尚、具有理想主义信念的伟大人物，但更要建构激励人、约束人的机制，让鲁南人全身心地投入千亿鲁南、百年基业和健康世界的事业。

---

① 张维迎. 企业理论与中国企业改革.[M]. 上海：上海人民出版社，2015: 53–54.

期待鲁南制药能够早日明晰股权，通过董事会民主、合法和合理的流程，找到制度化选择、激励接班人及其团队的方法；董事会要能够正常地担当使命和职责，不仅需要一个合理的公司治理架构，而且更需要一种行之有效的民主决策的制度和文化。这对于中国企业来说，将是一段不容易完成的旅程。但是，鲁南制药已经迈出了艰难且关键的一步，祝愿它能够为中国企业制度化的成长留下浓墨重彩的一笔。

8.3 以人为本：跨越时代的理念实践

赵志全当年竞选厂长时，脑海里只有一个念头："让所有的员工都能过上好日子。"27年的砥砺前行中，让所有的员工过上好日子始终是他坚守的初心和使命。让员工过上好日子，就是全心全意谋求企业发展，同样也是实业报国的最好方式。个人、企业、国家在赵志全的视角中融合为一，27年来他殚精竭虑为职工谋求幸福生活，与职工同甘共苦、携手并肩共创美好未来，用毕生心血践行了企业职工"工资水平不断提高，生活质量不断提高，幸福指数不断提高"的三大目标。

在临沂费县调研时，占地8600亩的新时代药业厂区令人眼前一亮。这个厂区就是一个巨大的植物园，厂区绿化率达到68%，厂区内有300多种花木、200多万株苗木。园区内有先进的环保设施不断运行，厂区外温凉河流经厂区的那一段有成群的苍鹭、野鸭，无数的野鱼和螃蟹，这些动物被鲁南制药作为环保成绩的见证者予以保护。这是一个让人来了就不愿离开的美丽厂区，赵志全的理念是要建百年企业先建绿化工厂，不仅让员工能够在花园式的厂房里工作，更是在厂区周围建设了大批员工宿舍，他要让鲁南制药的员工安心工作，没有后顾之忧。

鲁南制药的员工福利项目很多，所以员工们都很爱戴董事长，很多老员工说起老董事长都会分享自己的故事，讲几句之后眼圈就会发红，因为他们马上会想起当年听到赵董事长去世消息时的震惊和悲痛。赵志全身患癌症 12 年却一直瞒着大家，只有高管团队和身边的工作人员知道这个秘密。在广大员工们的心目中，赵志全总是那个高大帅气、白发飘逸又始终带着灿烂笑容的领头羊、大家长。课题组访问了鲁南制药的每一位高管成员，拜访了赵志全夫人龙广霞女士和女儿赵龙博士，也去参观了赵总出生的老家，拜访了赵总的母亲和姐妹们。笔者组织了多场与员工的座谈，感受到鲁南制药上下员工对于这位已经离开大家 6 年的赵董事长的深厚感情。

赵志全身上浓重的红色基因使他从 20 世纪承包企业伊始便践行改善员工生活品质的共同富裕理念，在市场以利益最大化为目标的发展洪流中坚持建立和完善医疗、住房、教育、文体等员工福利体系，以不断增强员工的幸福感、成就感为己任，促进员工和企业全面发展、协同奋进。

改革开放 40 多年来，我国民营企业经历了从无到有、从有到优的过程，在一些关键领域，民营企业甚至发挥着行业领头的作用，已成为国民经济发展的重要组成部分和极为活跃的经济增长点。做大蛋糕是民营经济激发活力、提高效益的本职使命，做好蛋糕是民营经济走向稳健高质量发展的必然结果，而分好蛋糕则是民营经济可持续健康发展的重要前提，共同富裕始终应该是创造财富和分配财富的统一。企业经营和财富创造是企业发展的一体两面，但对于赵志全来说，相比财富收获，他更看重的是企业的未来发展、员工的生活幸福、用药者的身体健康，他希望真正将企业的发展和社会利益完全结合起来，从集体手中接过企业，再将企业交给更适合的经营者。赵志全非血缘传承的选择生动地诠释了企业生存的意义：让人民的生活更美好。而财富既是意义的工具，也是意义之下的产物。

在企业不断发展的过程中，首先，鲁南制药为全体员工的家庭建立托儿所、幼儿园、小学、职工活动室，为员工打造更舒适的工作环境和更优质的生活环境，促进员工全面发展。其次，企业坚持研发创新驱动和以高质量产品和配套体系服务医生、病人。另外，灾难面前鲁南无偿捐赠回馈社会，还有巨额的环保治理投入、公共设施建设和公共福利投入、慈善捐赠，深度融入地方经济文化的发展，缩小地区发展差距。

鲁南制药通过发挥自身资源与技术优势，在保障自身高质量发展过程中，关注利益相关方的不同需求，积极承担社会责任，打造公平的分配环境，展现了企业的使命与担当。这些行为完美诠释了两代领导人对待财富的态度。赵志全为鲁南制药奠定了宏图伟业的发展基础，接班人张贵民接过火炬全力以赴奔向"千亿鲁南、百年鲁南、健康世界"。在规模和质量不断提升的同时，鲁南制药始终以"造福社会，创造美好生活"为企业经营宗旨，在创造财富的同时以全员共享、全面共享、共建共享的实际行动践行着超越时代的共同富裕理念。

在改革开放浪潮中，这样快速成长的成功案例很多，但是赵志全的难能可贵之处在于，他在生命的尽头把企业又毫无保留地交还给社会，正如他的员工用诗句赞美他："你悄悄地来，又悄悄地走，没带走一片云彩，却把一个铺满鲜花的鲁南留了下来。你传递的是事业，而不是家族的袭承。"在很多人眼里，一个受到员工如此爱戴的企业领导者将给他的继任者带来无限压力和制度缺失的隐患，但是鲁南制药在新的管理团队领导下，企业的业绩继续快速增长，他的接班人团队和员工没有辜负老董事长的殷殷期待。在常人眼中，他的思想和行为或许令人不解，但是这一切非同寻常的现象背后隐藏着令人心动的规律。伟大的行动背后肯定有着伟大的思想，让我们沿着企业家的思想足迹，慢慢探讨挖掘并砥砺前行吧。

参考文献

陈春花.经营的本质 [M].北京:机械工业出版社，2013.

陈凌，应丽芬.代际传承:家族企业继任管理和创新 [J].管理世界，2003(6)：89-97,155-156.

陈凌.茅理翔:创业式传承 [M].北京:机械工业出版社，2019.

陈勇.从"管理层收购"时代到"职业经理人"时代:恒瑞医药的传奇历程 [EB/OL]. (2020-03-10) [2022-03-30]. http://www.sohu.com/a/378905969_100058260.

程东升.从贷款两万到营收百亿——赵志全经营管理智慧 [M].北京:中国社会出版社，2021.

达克沃斯.恒毅力.人生成功的究极能力 [M].台北:台湾天下杂志出版社，2016.

德鲁克.创新与企业家精神 [M].蔡文燕，译，北京:机械工业出版社，2018.

郭阳，刘华子.互联网＋医药：医药B2C蓄势待发[J].互联网经济，2016(3)：66-73.

郭越，汤少梁."互联网＋"背景下我国医药企业转型升级策略探讨[J].医学与社会，2016(4)：30-31.

贾佳，王树　、刘媛."互联网＋医药企业"发展战略[J].企业战略，2015(18)：6.

勒内·基拉尔.欲望几何学[M].上海：华东师范大学出版社，2016.

厉以宁.厉以宁论民营经济[M].北京：北京大学出版社，2007.

林延军，沈斌.医药行业大洗牌与药企创新[M].北京：中华工商联合出版社，2018.

刘玉民，王文明.传奇·新时代[M].北京：团结出版社，2017.

钱德勒.看得见的手——美国企业的管理革命[M].北京：商务印书馆，1987.

钱德勒.塑造工业时代：现代化学工业和制药工业的非凡历程[M].北京：华夏出版社，2006.

史立臣.医药企业转型升级战略[M].北京：中华工商联合出版社，2016.

吴晓波.激荡三十年：中国企业1978—2008[M].北京：中信出版社，2007.

新时代·新女性·新风采——访国家创新型企业鲁南制药集团龙广霞[J].齐鲁名人.2010(2).

杨文学 . 使命：时代楷模赵志全 [M]. 济南：泰山出版社，2018.

詹姆斯·柯林斯、杰里·波勒斯 . 基业长青 . 高瞻远瞩企业的成功习
　　惯 [M]. 北京：中信出版社，2002.

赵志全 . 赵志全文集 [Z]. 鲁南制药，2016.

中国医药企业管理协会 . 中国医药产业发展报告 (1949-2009) [M].
　　北京：化学工业出版社，2009.

赵志全人生轨迹

1956 年 11 月 24 日，出生于山东省费县西葛峪村

1978 年 2 月，考入山东化工学院化工机械系化工机械专业

1982 年 1 月，毕业分配至郯南制药厂（鲁南制药前身）参加工作

1984 年 7 月，担任郯南制药厂搬迁队队长兼技术员

1985 年 4 月，担任郯南制药厂设备动力科科长

1986 年 10 月，担任郯南制药厂技术科科长

1987 年 10 月 25 日，在临沂地区首家企业承包经营试点中，中标担
任郯南制药厂厂长

1990 年 8 月，加入中国共产党

1990 年 9 月，担任鲁南制药厂厂长

1994 年 2 月，兼任鲁南制药厂党委副书记

1994 年 3 月，担任鲁南制药股份有限公司董事长、总经理

1994 年 4 月，兼任鲁南制药股份有限公司党委副书记

1996 年 6 月，兼任鲁南制药股份有限公司党委书记

2004 年 4 月，担任鲁南制药集团董事长、总经理、党委书记

2006 年 2 月，兼任鲁南制药集团纪委书记

2014 年 11 月 14 日，病逝于费县新时代药业，享年 57 岁

赵志全所获得的荣誉

1994 年 4 月，被授予"全国化学工业劳动模范"荣誉称号

1994 年 11 月，被授予"山东省优秀青年知识分子标兵"荣誉称号，
被评为"第四届全国杰出青年企业家"

1999 年 6 月，享受"国务院政府特殊津贴"

2001 年 6 月，被授予"山东省优秀共产党员"荣誉称号

2002 年 4 月，被授予"山东省优秀企业家"荣誉称号

2003 年 3 月，出席第十届全国人民代表大会

2003 年 4 月，被授予"全国五一劳动奖章"

2004 年 4 月，被评为"山东省有突出贡献的中青年专家"

2004 年 7 月，被授予"山东省劳动模范"荣誉称号

2005 年 4 月，被授予"全国劳动模范"荣誉称号

2008 年 3 月，出席第十一届全国人民代表大会

2008 年 7 月，作为 2008 年北京奥运会火炬传递临沂站最后一棒火
炬手，点燃圣火盆

2009 年 2 月，"山东省科学技术最高奖"获得者

2009 年 4 月，被评为"首届山东省十大杰出工程师"

2009 年 8 月，被评为"山东省企业技术创新带头人"

2009 年 9 月，被评为"山东省一百位为新中国成立、建设做出突出
　　贡献的英雄模范人物"

2010 年 2 月，被评为"山东省优秀创新团队带头人"

2011 年 8 月，入选"泰山学者"攀登计划

2013 年 3 月，出席第十二届全国人民代表大会

2015 年 1 月，被追授为"第二十届中国企业十大人物"

2015 年 11 月，被山东省委宣传部追授为"齐鲁时代楷模"，被追授
　　为 2015 年度山东省善行义举四德榜"榜上有名"先模人物

2016 年 9 月，被中共中央宣传部追授为"时代楷模"

2017 年 11 月，获第六届全国道德模范提名奖

2018 年 9 月，获"纪念改革开放 40 年医药产业特别贡献奖"

2018 年 12 月，获山东省庆祝改革开放 40 年感动山东人物称号，获
　　临沂市庆祝改革开放 40 周年感动临沂人物称号，获庆祝改革开
　　放 40 周年感动费县人物称号

后记

2021 年 10 月 25 日，书稿创作基本完成，应鲁南制药邀请，我们参加了庆祝鲁南制药建厂 53 周年文艺晚会，今年晚会的主题是"携手向未来"。其实，鲁南人最快乐的时间是每年 10 月，因为整个月都是鲁南的节日，从国庆到厂庆再到承包经营庆祝，大大小小的活动贯穿整个 10 月，在厂区遇到的每一位鲁南员工脸上都洋溢着喜悦之情。由于疫情对庆祝活动规模的管控，今年晚会的场地从新时代药业的大会场转到老厂区内的礼堂。虽然晚会的规模有缩小，我们也自认为有了两年多的调研经历对鲁南制药已经非常熟悉，但是晚会的节目依旧强烈地震撼了我们：鲁南制药集团"不怕困难、挑战困难、战胜困难"的企业精神，鲁南制药员工奋发图强、爱岗敬业的精气神让我们深深感动，由员工自己创作、由各个部门参演的集体诗朗诵《让我来，跟我上》让现场每个人感觉到心潮澎湃，我们仿佛听到上甘岭战士的真情呐喊。如果某位观众是生平第一次置身于鲁南制药集团，我们相信他肯定会问：这是怎样的一群人，这是怎样的一个企业……

经过大量的采访交流、历史资料查阅和对鲁南精神、赵志全管理智慧的思考，我们对鲁南制药有了不一样的感情和体验。

我们"认识"赵志全，是在他去世后的第5年。几年前鲁南制药的几位高管在多次听过郑敬普关于企业治理与传承讲座后，印象非常深刻并邀请他一定要到鲁南制药看看，可惜一直未能成行。直到2019年6月，我们一行专家因工作需要来到临沂市的鲁南制药调研，张贵民董事长向我们介绍了赵志全的生平事迹，他说："赵志全同志的精神不仅属于鲁南（制药），更属于全社会。"我们肃然起敬，尽管当时并未真正理解这句话的内涵。因此，我们决定深入了解一下这位让众人敬仰和缅怀的企业家赵志全和他的鲁南制药，作为我们研究中国民营企业传承系列中的又一个典型案例。

之后的一年时间里，我们陆续参观学习了赵志全纪念馆的图文、视频资料，与赵志全生前共事的几乎所有中高层管理者进行座谈交流，与赵志全钟爱的营销将士、研发团队、新媒体团队座谈交流，与赵志全夫人龙广霞女士和女儿赵龙女士交流，还拜访了赵志全的母亲和他的姐妹们，并探访了赵志全儿时在费县的故居，了解其生平事迹。感动与敬意让我们更有动力深入研究和缅怀赵志全。

赵志全于2016年9月26日被中共中央宣传部追授"时代楷

模"荣誉称号。民营企业家获此殊荣在我国尚属首次。"时代楷模"赵志全给我们留下了什么？在我眼中，赵志全是一位富有政治家情怀、英雄主义豪情、企业家精神与意志的企业领导者。

造福社会、创造美好生活，是赵志全政治情怀的体现，他通过鲁南制药帮助员工成长，帮助员工家庭实现美好生活，帮助更多贫困家庭脱贫致富，助推地方经济发展与社会和谐进步。鲁南制药还为所有员工提供近乎免费的住房，解决员工孩子上幼儿园的问题，投巨资于环保，寻求鲁南制药的高质量发展模式，等等。这不仅让员工及其家庭安心、幸福，有归属感，也让社会因为有了鲁南制药而感怀。在一次工作交流中，郑敬普提到最近在鲁南制药调研，一位朋友马上打断他说："那是个好企业，我父亲认识赵志全。赵志全是个了不起的人，有情有义有胸怀。我们临沂人有机会都很想去鲁南（制药）工作。"

关键时刻挺身而出，不怕牺牲，带领众将士冲锋在前，挑战困难，战胜困难，改变鲁南制药命运并为人们津津乐道的"九六决战"就是例证。罹患重症12年却从未离开他热爱的事业，与每一个需要战胜的困难、需要实现的目标进行博弈和战斗，这种英雄气概感召着每一位鲁南人。

冒险、创新、变革、远见的企业家精神与意志更是突出表现在赵志全身上。坐落于临沂费县占地8600亩的新时代药业大手笔布局体现出他的远见卓识。对市场的洞察与决策，对博士等高端研发人才的引进，对研发的全力投入，更显示出他对企业未来如何立于不败之地的洞见。独到的考察、培养与选择接班人和团队的方式，更体现出赵志全对鲁南制药健康发展与基业长青的责任担当。

赵志全既富有时代特征与地域文化特征，又有着极强个人特质的领导方式，为鲁南制药创造并凝结了具有丰富内涵的鲁南精神：不怕困难、挑战困难、战胜困难。那属于赵志全的27年企业经营业绩不过是这一精神的物质呈现。

鲁南制药的最大财富是赵志全留下的能够激发鲁南人奋发的精神，这一财富连同他创造的巨大物质财富，推动了鲁南制药快速、健康发展。如今，"千亿鲁南"的目标正在实现的征途中。我们相信，这5年的成就与未来宏大目标的实现一定会告慰赵志全在天之灵。

"赵志全同志的精神不仅属于鲁南（制药），更属于全社会。"我们现在更坚信这一点。因为赵志全给鲁南制药创造的精神财富及其形成、凝结的过程，会给中国创业者、企业家带来重要启示。我们常年接触全国各地的企业家，所以能深深地感受到，从事企业经营远非一种普通职业，它是一种哲学、道德，更是一种人生使命的召唤。因此，研究借鉴赵志全精神与智慧，不仅给企业以商业智慧的启发，还会给我们带来精神的、政治的、哲学的、文化的影响与思考。

致谢

　　这里首先要感谢的是鲁南制药这家企业的领导者和员工能一直持续铭记和宣传赵志全的精神和事迹，这才让我们有机会深入了解鲁南制药这家企业和赵志全。非常感谢鲁南制药的现任当家人张贵民董事长给予课题组的信任和支持，他在多次和课题组交流的过程中对于赵志全的为人处世与精神追求给出了极有见地的总结和概括，他用"大道至简"和"正道沧桑"两句话概括赵志全的一生，而这两句话也成为我们理解这位企业家的人生际遇和不懈追求的钥匙。课题组还要感谢鲁南制药宣传部的刘玉民、杜永武、谢荣秋、周立宁、诸葛文超、王琦，是他们全程安排和参与了书稿的访谈调研和资料收集整理，并带着我们一次又一次地参观位于临沂和费县的各个厂区及纪念馆。感谢赵志全的爱人龙广霞女士和女儿赵龙博士能与我们见面，并接受采访，讲述不忍再过多提及的有关丈夫、父亲的记忆。感谢赵志全的母亲和三位妹妹向我们讲述赵志全儿时的故事和家族的事。感谢时任新时代药业办公室主任谢宇和生活助理张沂平分享赵志全生前最后日子的工作及生活中珍贵的点点滴滴。感谢报告文学《使命：时代楷模赵志全》的作者杨文学老师和《从贷款两万到营收百亿——赵志全经营管理智慧》一书的作者程东升老师对于我们书稿的关心和支持。

感谢北京大学陈春花老师、财经作家吴晓波老师为本书做序，两位老师精彩的分析和点评为本书增色不少，感谢上海交通大学王方华老师、中山大学李新春老师、复旦大学苏勇老师、山东大学杨蕙馨老师、中国社会科学院康荣平老师和清华大学龙登高老师对本书的推荐。期待本书能够得到更多国内同行的关注和指正。

感谢鲁南制药集团所有接受和参与访谈的 80 位员工及家庭成员（受访者以拼音首字母排名）：

白文钦、柏学东、包倩云、陈学伟、陈玉华、陈运来、崔广霞、崔久霞、杜永武、高存秀、韩鹏、姜佳峰、解世雷、李宝杰、李兵、李冠忠、李金龙、李蒙、李欣、李洋、廉磊、梁永兰、刘方亮、刘洋、刘玉民、刘增田、刘长城、刘忠、刘忠林、龙广霞、吕永超、吕圆圆、马超、马慧、马霞、慕同兴、乔士吉、苏勤勇、苏瑞强、孙慧娟、孙娜、王宝生、王步强、王琦、王汝金、王晓玉、王鑫、王义忠、王越、王增日、魏峰、夏文凯、谢荣秋、谢世磊、谢宇、徐进东、许崇花、杨海涛、杨欣茹、尤克涛、于敏敏、俞仁昌、郁杰、张贵民、张理星、张沂平、张云修、张则平、赵爱梅、赵爱秀、赵爱英、赵丽、赵丽丽、赵龙、赵瑞学、周立宁、周良范、周婷婷、周喜燕、卓浩。

最后感谢我们的团队成员：郑敬普、朱建安、管怀、王敬迈、张盛东、章迪禹、孙越琦、张芯蕊、谢慧芹、张玮。正是浙江大学企业家学院研究团队和郑敬普带领下的海川视野咨询团队的通力合作，共同参与调研、讨论和相关内容的撰写，这本书才得以完成。虽然书的封面上只有我和郑敬普的名字，但是他们贡献的真知灼见会永远在出版和不出版的文字中留存。

这是我和郑敬普两人多次合作之后出版的第一本书，这本书的写作经历也是非常令人难忘的。先是郑敬普接触了鲁南制药的张贵民董事长，他马上想到要邀请我一起来做这个项目，我们的通话非常简短，但是我们立刻心有灵犀地同意一起来临沂见张董事长。其次，在见了张董事长和参观了赵志全纪念馆以后，我们两人马上做出双方合作做一个研究项目的决定，而且我们阅读了传记文学《使命：时代楷模赵志全》了解了赵志全的身世以后，都有一种强烈的创作冲动。我们希望从管理专家的视角，把我们的访谈、研究和思考转化成文字让更多的读者走进鲁南制药，了解赵志全这个山东汉子，让我们永远纪念这位让人无法忘怀的企业家。再次，鲁南制药对于课题组的调研给予了充分的支持，为我们的研究提供了翔实的素材和支撑，同时又非常尊重课题组的独立性。两年多来虽然每次调研都是匆匆忙忙，但是沟通和合作都十分顺畅。我在这里记录这么一段真实的趣事。2020年11月，我到北京出差，出了机场在去酒店的地铁上，看到课题组微信群里郑敬普和鲁南制药宣传部的刘玉民部长正在一起吃饭。他们发了两人吃饭的照片并@我，希望大家能够见面，当然大家知道这只是朋友之间分享快乐和相互调侃的常见做法。没想到他们吃饭的楼下就是我所在的地铁站，所以当我突然出现在他们面前的时候，这种连编剧都不敢编的情节却在我们的生活中出现了，而把我们联系在一起的缘由就是这本书稿。不能不说这是我们和鲁南制药的缘分。

在调研过程中，我们遭遇了2020年开始直到现在还没有结束的新冠肺炎疫情，这使得我们的研究比原计划拖延了一些时间，但是这也让我们感到非常的幸运，因为这样我们有更充裕的时间来思考和消化，我们期待能够写出一部对得起为改革献身的赵志全先生的书。

此刻写这篇后记，脑海中显现出赵志全满面笑容、阔步向前、自信的样子，虽然我们从未谋面。

"时代楷模"赵志全先生永垂不朽！

陈　凌

2021 年 11 月 30 日夜